U0326999

中华人民共和国行业标准

公路工程抗震规范

Specification of Seismic Design for Highway Engineering

JTG B02—2013

主编单位：中交路桥技术有限公司
批准部门：中华人民共和国交通运输部
实施日期：2014 年 02 月 01 日

人民交通出版社

图书在版编目（CIP）数据

公路工程抗震规范：JTG B02—2013 / 中交路桥技术有限公司主编. — 北京：人民交通出版社，2014. 1
ISBN 978-7-114-11120-4

Ⅰ. ①公… Ⅱ. ①中… Ⅲ. ①道路工程—抗震规范 Ⅳ. ①U41-65

中国版本图书馆 CIP 数据核字（2014）第 002386 号

标准类型： 中华人民共和国行业标准
标准名称： 公路工程抗震规范
标准编号： JTG B02—2013
主编单位： 中交路桥技术有限公司
责任编辑： 李　农
出版发行： 人民交通出版社股份有限公司
地　　址：（100011）北京市朝阳区安定门外外馆斜街 3 号
网　　址： http://www.ccpress.com.cn
销售电话：（010）59757973
总 经 销： 人民交通出版社股份有限公司发行部
经　　销： 各地新华书店
印　　刷： 北京市密东印刷有限公司
开　　本： 880×1230　1/16
印　　张： 5
字　　数： 106 千
版　　次： 2014 年 1 月　第 1 版
印　　次： 2022 年 8 月　第 10 次印刷
书　　号： ISBN 978-7-114-11120-4
定　　价： 45.00 元

中华人民共和国交通运输部

公　　告

2013 年第 76 号

交通运输部关于发布《公路工程抗震规范》的公告

现发布《公路工程抗震规范》(JTG B02—2013)，作为公路工程行业标准，自 2014 年 2 月 1 日起施行，原《公路工程抗震设计规范》(JTJ 004—89) 同时废止。

《公路桥梁抗震设计细则》(JTG/T B02-01—2008) 与本规范规定有矛盾的内容，以本规范为准。

本规范的管理权和解释权归交通运输部，日常解释和管理工作由主编单位中交路桥技术有限公司负责。

请各有关单位在实践中注意总结经验，及时将发现的问题和修改意见函告中交路桥技术有限公司（地址：北京市安定门外大街丁 88 号江苏大厦 B 座，邮政编码：100011），以便修订时参考。

特此公告。

中华人民共和国交通运输部

2013 年 12 月 10 日

交通运输部办公厅　　2013 年 12 月 11 日印发

前　言

根据原交通部交公路发〔2006〕190号文《关于下达2006年度公路工程标准制修订项目计划的通知》的要求，由中交路桥技术有限公司承担《公路工程抗震设计规范》(JTJ 004—89)（以下简称“原规范”）的修订工作。

本次规范修订在总结近年来工程实践经验和科研成果的基础上，依据《中华人民共和国防震减灾法》的要求和《中国地震动参数区划图》(GB 18306—2001）的规定，对原规范进行了系统的修订，期间广泛征求了业内外有关单位和专家的意见，同时适当吸取了2008年汶川大地震中的抗震经验。

修订后，本规范由九章、一个附录构成，主要内容包括基本规定、地基和基础、桥梁、隧道、挡土墙、路基、涵洞等的抗震要求。较原规范变化主要有：

1. 根据《中国地震动参数区划图》(GB 18306—2001）的有关规定，修改了地震作用的表述方法，用地震动参数代替地震基本烈度作为表征地震作用的主要形式。

2. 增加了“基本规定”章，对公路工程抗震设防目标、设防标准、地震作用、抗震设计的要求及基本的抗震措施做出了系统的要求，突出了“概念设计”的理念。

3. 调整了公路工程构筑物的抗震重要性分类和设防标准的规定，提出了对于生命线工程和有特殊要求的工程，可以结合具体情况适当提高抗震设防等级的要求。

4. 增加了液化土的判别及处治措施的内容。

5. 提出了桥梁两水平设防的设计要求和方法，增加了桥梁延性设计和减隔震设计的基本要求。

6. 增加了一些成功的抗震设防措施，并尽量使其与地震作用相对应，提高规范的可操作性。

请各有关单位在执行过程中，将发现的问题与意见，函告本规范日常管理组，联系人：鲍卫刚（地址：北京市安定门外大街丁88号江苏大厦B座6层，邮编：100011；电话：010－64789466，传真：010－64789499；邮箱：baowg@263.net），以便下次修订时研用。

主 编 单 位：中交路桥技术有限公司
参 编 单 位：同济大学
中国地震局工程力学研究所
交通运输部公路科学研究院
长安大学
中交公路规划设计院有限公司

哈尔滨工业大学
云南省交通规划设计研究院
主　　　编：鲍卫刚
主要参编人员：李建中　陶夏新　刘延芳　刘健新
赵茂才　关海燕　苗家武　康仕彬
杨富成　王克海　王承格

目　　次

1　总则

1.0.1　为落实预防为主的防震减灾工作方针，减轻公路工程构筑物的地震破坏，保障人民生命财产的安全和减少经济损失，依据《中华人民共和国防震减灾法》，制定本规范。

1.0.2　本规范适用于各等级公路的工程构筑物抗震设计。

1.0.3　公路工程构筑物应进行抗震设计。不需要进行专门工程场地地震安全性评价的公路工程构筑物，应根据现行《中国地震动参数区划图》（GB 18306）规定的地震动参数进行抗震设防。地震动峰值加速度大于或等于0.40g地区的公路工程构筑物的抗震设计应专门研究。

1.0.4　独立特大型桥梁工程及独立特长隧道工程、地震动峰值加速度大于或等于0.40g地区的高速公路和一级公路的抗震危险地段，应按照有关规定，进行工程场地地震安全性评价。

1.0.5　地震动峰值加速度大于或等于0.20g的地区，可将对抗震救灾以及在经济、国防上具有重要意义的公路工程构筑物，或破坏后修复（抢修）困难的公路工程构筑物确定为生命线工程。生命线工程，可按国家批准权限，报请批准后，适当提高抗震设防标准。

1.0.6　公路工程构筑物的抗震设计应积极采用成熟可靠的新技术、新材料、新设备、新工艺。

1.0.7　公路工程构筑物的抗震设计除应符合本规范的规定外，尚应符合国家和行业现行有关标准的规定。

2 术语和符号

2.1 术语

2.1.1 抗震设防标准 seismic fortification criterion

衡量抗震设防要求的尺度，根据地震动参数和公路工程构筑物使用功能的重要性确定。

2.1.2 设计基本地震动峰值加速度 design basic acceleration of ground motion

50 年超越概率 10% 的地震动峰值加速度，也即重现期为 475 年的地震动峰值加速度。

2.1.3 地震作用 earthquake action

作用在结构上的地震动，包括水平地震作用和竖向地震作用等。

2.1.4 E1 地震作用 E1 earthquake action

重现期为 475 年的地震作用。

2.1.5 E2 地震作用 E2 earthquake action

重现期为 2 000 年的地震作用。

2.1.6 地震效应 seismic effect

由地震作用引起的结构内力与变形等效应的总称。

2.1.7 特征周期 characteristic period

抗震设计用的加速度反应谱曲线下降段起始点对应的周期值，取决于地震环境和场地类别。

2.1.8 抗震有利地段 seismic favorable site

建设场地及其邻近无晚近期活动性断裂，地质构造相对稳定，同时地基为比较完整的岩体、坚硬土或开阔平坦密实的中硬土等地段。

2.1.9 抗震不利地段 seismic unfavorable site

软弱黏性土层、液化土层和地层严重不均匀的地段，地形陡峭、孤突、岩石松散、破碎的地段，以及地下水位埋藏较浅、地表排水条件不良的地段。

2.1.10 抗震危险地段 seismic risk site

河滩和边滩内基岩具有倾向河槽的构造软弱面且其被水流所切割、独立于岩盘的地段，通过发震断裂的地段，地震时可能发生大规模滑坡、崩塌等而严重阻断交通的各种地段。

2.1.11 液化 liquefaction

地震中覆盖土层内孔隙水压急剧上升，一时难以消散，导致土体抗剪强度大幅度降低的现象。多发生在饱和粉细砂中，常伴生喷水、冒沙以及构筑物沉陷、倾倒等现象。

2.1.12 弹性抗震设计 elastic seismic design

不允许结构在地震中发生塑性变形，用构件的强度控制结构设计的抗震设计方法。设计中只需校核构件的强度是否满足要求。

2.1.13 延性抗震设计 ductility seismic design

受到E2地震作用时，允许桥梁结构在地震中发生可控塑性变形，但不发生严重损伤的设计方法。设计时不仅采用构件的强度作为衡量结构性能的指标，同时要校核构件的延性能力是否满足要求。

2.1.14 延性构件 ductile member

延性抗震设计时，允许发生塑性变形的构件。

2.1.15 能力保护设计 capacity design

对延性抗震设计桥梁的基础、上部结构构件，以及可能出现塑性铰的桥墩的非塑性铰区进行的加强设计。目的是保证非塑性铰区的弹性能力高于塑性铰区，避免非塑性铰区发生塑性变形和剪切破坏。

2.1.16 能力保护构件 capacity protected member

采用能力保护设计原则设计的构件。

2.1.17 减隔震设计 seismic isolation design

降低结构的地震反应和（或）减小输入到上部结构的能量的设计。一般采用在桥梁上部结构和下部结构或下部结构和基础之间设置减隔震系统，以增大原结构体系阻尼和（或）周期等措施。

2.1.18 抗震措施 seismic measures

地震作用计算和抗力计算以外的抗震设计内容，包括抗震构造措施。

2.1.19 基本周期 fundamental period

结构按基本振型完成一次自由振动所需的时间。

2.2 符号

2.2.1 作用和作用效应

E_h——作用于挡土墙重心处的水平向总地震作用标准值；

E_{hsi}——作用于路基计算土体重心处的水平地震作用；

E_{ih}——第 i 截面以上墙身重心处的水平地震作用标准值；

E_{vsi}——作用于路基计算土体重心处的竖向地震作用；

G_i——第 i 截面以上墙身圬工的重力；

G_s——路基计算土体的重力；

S_{max}——水平设计加速度反应谱最大值。

2.2.2 计算系数

A_h——水平向设计基本地震动峰值加速度；

A_v——竖向设计基本地震动峰值加速度；

K——地基抗震容许承载力调整系数；

K_a——非地震作用下作用于挡土墙背的主动土压力系数；

K_c——抗滑动稳定系数；

K_o——抗倾覆稳定系数；

C_d——阻尼调整系数；

C_e——液化抵抗系数；

C_i——抗震重要性修正系数；

C_s——场地系数；

C_z——综合影响系数；

γ_e——地震作用分项系数；

γ_g——永久作用分项系数；

γ_s——预应力钢筋或非预应力钢筋分项系数；

ρ_c——黏粒含量百分率；

ψ——作用组合系数；

ψ_i——水平地震作用沿墙高的分布系数。

2.2.3 材料性能和几何参数

d_b——基础埋置深度；

d_s——饱和土标准贯入点深度；

d_u——上覆非液化土层厚度；

d_w——地下水位深度；

d_0——液化土特征深度；

E——材料弹性模量；

f_a——深宽修正后的地基承载力容许值；

f_{aE}——调整后的地基抗震承载力容许值；

H——路基边坡或挡土墙高度；

H_w——路堤浸水常水位的深度；

γ——土的重度。

2.2.4 其他符号

g——重力加速度；

I_{lE}——液化指数；

N_{cr}——修正的液化判别标准贯入锤击数临界值；

N_i——i 点处标准贯入锤击数的实测值，当实测值大于临界值时应取临界值的数值。

3 基本规定

3.1 桥梁工程抗震设防标准

3.1.1 桥梁抗震设防类别应按表3.1.1确定。

表3.1.1 桥梁抗震设防类别

桥梁抗震设防类别	桥梁特征
A类	单跨跨径超过150m的特大桥
B类	单跨跨径不超过150m的高速公路、一级公路上的桥梁，单跨跨径不超过150m的二级公路上的特大桥、大桥
C类	二级公路上的中桥、小桥，单跨跨径不超过150m的三、四级公路上的特大桥、大桥
D类	三、四级公路上的中桥、小桥

3.1.2 桥梁抗震设防目标应按表3.1.2确定。

表3.1.2 各设防类别桥梁的抗震设防目标

桥梁抗震设防类别	设防目标	
	E1地震作用	E2地震作用
A类	不受损坏或不需修复可继续使用	可发生局部轻微损伤，不需修复或经简单修复可继续使用
B类、C类	不受损坏或不需修复可继续使用	不致倒塌或产生严重结构损伤，经临时加固后可供维持应急交通使用
D类	不受损坏或不需修复可继续使用	—

3.1.3 桥梁抗震重要性修正系数 C_i 应按表3.1.3确定。

表3.1.3 桥梁抗震重要性修正系数 C_i

桥梁抗震设防类别	E1地震作用	E2地震作用
A类	1.0	1.7
B类	0.43（0.5）	1.3（1.7）
C类	0.34	1.0
D类	0.23	—

注：高速公路和一级公路上单跨跨径不超过150m的大桥、特大桥，其抗震重要性修正系数取B类括号内的值。

3.1.4 桥梁抗震措施设防烈度应按表3.1.4确定。

表3.1.4 桥梁抗震措施设防烈度

地震基本烈度		6	7		8		9
对应设计基本地震动峰值加速度		≥0.05g	0.10g	0.15g	0.20g	0.30g	≥0.40g
桥梁类别	A类	7	8	8	9	更高，专门研究	
	B类	7	8	8	9	9	≥9
	C类	6	7	7	8	8	9
	D类	6	7	7	8	8	9

3.1.5 立体交叉的跨线桥梁的抗震设防标准应不低于下线工程对桥梁结构的抗震设防标准。

3.2 其他公路工程构筑物抗震设防标准

3.2.1 其他公路工程构筑物抗震设防目标应为：

1 高速公路、一级公路及二级公路的工程构筑物，在E1地震作用时，位于抗震有利地段的，经一般整修即可正常使用；位于抗震不利地段的，经短期抢修即可恢复使用；位于抗震危险地段的挡土墙、隧道等重要构筑物不发生严重破坏。

2 三级公路、四级公路工程构筑物，在E1地震作用时，位于抗震有利地段的，经短期抢修即可恢复使用；位于抗震不利地段的挡土墙、隧道等重要构筑物不发生严重破坏。

3.2.2 其他公路工程构筑物的抗震重要性修正系数应按表3.2.2确定。

表3.2.2 其他公路工程构筑物抗震重要性修正系数 C_i

公路等级	构筑物重要程度	抗震重要性修正系数 C_i
高速公路、一级公路	抗震重点工程	1.7
	一般工程	1.3
二级公路	抗震重点工程	1.3
	一般工程	1.0
三级公路	抗震重点工程	1.0
	一般工程	0.8
四级公路	抗震重点工程	0.8

注：抗震重点工程指隧道和破坏后抢修困难的路基、挡土墙工程。

3.2.3 其他公路工程构筑物的抗震措施，应根据现行《中国地震动参数区划图》（GB 18306）规定的所在地区地震动峰值加速度确定。

3.2.4 高速公路和一级公路上的台阶式路基和阶梯式挡土墙，其下部构筑物的抗震措施可较其对应的地震基本烈度提高一档采用，但对于地震基本烈度为9度的地区，抗震措施应通过专门研究确定。

3.2.5 四级公路上的一般工程，可仅采用简易的抗震措施。

3.3 地震作用

3.3.1 公路工程构筑物的地震作用包括水平向地震作用和竖向地震作用，应根据场地设计地震动峰值加速度和地震动反应谱特征周期确定。

3.3.2 公路工程构筑物的地震基本烈度和水平向、竖向设计基本地震动峰值加速度 A_h、A_v 的对应关系，应符合表3.3.2的规定。

表3.3.2 地震基本烈度和设计基本地震动峰值加速度对应表

地震基本烈度	6	7		8		9
水平向 A_h	≥0.05g	0.10g	0.15g	0.20g	0.30g	≥0.40g
竖向 A_v	0	0		0.10g	0.17g	0.25g

3.4 作用效应组合

3.4.1 公路工程构筑物抗震设计时应考虑下列作用：

1 永久作用，包括结构重力（恒载）、预应力、土压力、水压力。

2 地震作用，包括地震动的作用和地震土压力、水压力等。

3 可变作用，桥梁结构需考虑可能同期作用的一定量的可变作用。

3.4.2 季节性河流上的公路工程构筑物，可不考虑水流影响；常年有水的河流或水库区的公路工程构筑物，可按常水位计算水的压力。

3.4.3 作用效应组合应包括永久作用效应与地震作用效应的组合，组合方式应包括各种效应的最不利组合。

3.5 抗震设计

3.5.1 设计基本地震动峰值加速度大于或等于0.10g地区的B类和C类桥梁，应按E1地震作用进行弹性抗震设计计算，按E2地震作用进行延性抗震设计计算，并应采取相关抗震措施。

3.5.2 设计基本地震动峰值加速度大于或等于0.10g地区的D类桥梁，应按E1地震作用进行弹性抗震设计计算，并宜采取相关抗震措施。

3.5.3 A类桥梁应在专门研究的基础上，按照本规范的抗震设防规定进行抗震设计。

3.5.4 设计基本地震动峰值加速度大于或等于0.10g地区的其他公路工程构筑物，宜按地震基本动峰值加速度进行弹性抗震设计计算，并宜采取相关抗震措施。

3.5.5 设计基本地震动峰值加速度小于0.10g地区的B类、C类、D类桥梁和其他公路工程构筑物，可仅根据抗震措施要求进行抗震设计，不进行抗震设计计算。

3.6 抗震措施

3.6.1 应在工程地质勘察的基础上，对断裂构造的活动性、边坡稳定性和场地的地质条件等进行综合评价，确定抗震有利、不利和危险地段，合理采用相应的综合抗震措施。路线、桥位和隧址的选择，应充分利用抗震有利地段，宜绕避抗震危险与不利地段。

3.6.2 路线布设应远离发震断裂带。必须穿过时，宜布设在破碎带较窄的部位；必须平行于发震断裂布设时，宜布设在断裂带的下盘，并宜有对应的修复预案和保通预案。

3.6.3 高速公路和一级公路宜避开地震动峰值加速度大于或等于0.20g地区的发震断裂带。当难以避开时，抗震设计应包括震后保通预案和修复预案。

3.6.4 路线设计应避免造成较多的高陡临空面；不宜采用高挡土墙、深长路堑以及在同一山坡上连续回头弯道等对抗震不利的方案。

3.6.5 在软弱黏性土层、液化土层和严重不均匀地层上，不宜修建大跨径超静定桥梁。

3.6.6 隧址宜避开活动断裂和浅薄山嘴。不宜在地形陡峭、岩体风化、裂缝发育的山体中修建大跨度傍山隧道。

3.6.7 存在岩堆、围岩落石、泥石流等不良地质条件的峡谷地段，宜利用谷底阶地和河滩修建路堤或顺河桥通过，并应加强防护措施，尽量减少对天然山体的开挖。路线难以避开不稳定的悬崖峭壁地段时，宜采用隧道方案。

3.6.8 地震时可能因发生滑坡、崩塌形成堰塞湖的地段，应评估其淹没和堵塞体溃决的影响范围，合理确定路线的高程和选定桥位；当可能因发生滑坡、崩塌而改变河流流向、影响岸坡和桥梁墩台以及路基的安全时，应评估其影响，并采取相应措施。

3.6.9 高速公路和一级公路路线穿越松散堆积体、岩石破碎地段以及地质构造不利地段时，不宜做深长路堑，并应加强路基防护和排水处理措施。

3.6.10 液化土和软土地区，路线宜选择在上覆层较厚处通过，并宜设置低路堤。

3.6.11 构筑物范围内有发震断裂时，应就断裂对工程的影响进行评价。不满足下列条件之一时，应考虑发震断裂的错动对构筑物的影响：

1 设计基本地震动峰值加速度小于0.20g。

2 非全新世活动断裂。

3 设计基本地震动峰值加速度为0.20g（0.30g）和0.40g地区，且前第四纪基岩隐伏断裂的土层覆盖厚度分别大于60m和90m。

3.6.12 构筑物的抗震结构体系应符合下列要求：

1 应有明确、可靠的地震能量耗散部位。

2 应有明确、合理的地震作用传递路线。

3 结构构件的截面刚度不应有突变而形成薄弱区域。

4 应有防止发生连锁式破坏的措施。

5 结构各构件之间连接节点的强度不应低于构件强度。

6 允许发生塑性变形的桥梁结构构件，在发生塑性变形后，不应导致整个体系完全丧失抗震能力或承受结构物自身荷载的能力。

3.6.13 应通过合理选择尺寸、配置钢筋等措施，增加钢筋混凝土构件的延性，防止剪切先于弯曲破坏和钢筋锚固黏结先于构件破坏。

3.6.14 减隔震装置的设置应考虑减隔震装置的可更换性要求，并应进行定期的维护和检查。

4 地基和基础

4.1 一般规定

4.1.1 在抗震不利、危险地段布设路线、桥梁和隧道时，宜对地基采取适当抗震加固措施。

4.1.2 地基为软土、液化土、新近填土或严重不均匀土时，应考虑地震时地基不均匀沉降、地基失效或其他不利影响对公路工程构筑物可能造成的破坏，并应采取相应措施。

4.1.3 工程场地类别应根据场地土的剪切波速和场地覆盖土层厚度，按表 4.1.3 进行划分。

表 4.1.3 工程场地类别划分

平均剪切波速（m/s）	场地类别			
	Ⅰ	Ⅱ	Ⅲ	Ⅳ
$v_{se}>500$	0	—	—	—
$500\geqslant v_{se}>250$	<5	≥5	—	—
$250\geqslant v_{se}>140$	<3	≥3，≤50	>50	—
$v_{se}\leqslant 140$	<3	≥3，≤15	>15，≤80	>80

注：表中数据为场地覆盖土层厚度（m）。

4.1.4 进行结构抗震验算时，应根据基础类型、土质条件，对地基承载力进行修正。

4.2 天然地基抗震承载力

4.2.1 地基抗震验算时，应采用地震作用效应与永久作用效应组合。

4.2.2 天然地基抗震承载力可按式（4.2.2）计算：

$$f_{aE}=Kf_a \tag{4.2.2}$$

式中：f_{aE}——调整后的地基抗震承载力容许值；

K——地基抗震容许承载力调整系数，按表4.2.2采用；

f_a——深宽修正后的地基承载力容许值，按现行《公路桥涵地基与基础设计规范》（JTG D63）的规定取值。

表4.2.2 地基抗震容许承载力调整系数 K

岩土名称及性状	K
岩石，密实的碎石土，密实的砾、粗、中砂，$f_{a0} \geqslant 300$kPa 的黏性土和粉土	1.5
中密、稍密的碎石土，中密和稍密的砾、粗、中砂，密实和中密的细、粉砂，$150\text{kPa} \leqslant f_{a0} < 300$kPa 的黏性土和粉土，坚硬黄土	1.3
稍密的细砂、粉砂，$100\text{kPa} \leqslant f_{a0} < 150$kPa 的黏性土和粉土，可塑黄土	1.1
淤泥，淤泥质土，松散的砂，杂填土，新近堆积黄土及流塑黄土	1.0

注：f_{a0}为由荷载试验等方法得到的地基承载力基本容许值（kPa）。

4.2.3 验算天然地基抗震承载力时，基础底面平均压应力应符合下列各式要求：

$$p \leqslant f_{aE} \tag{4.2.3-1}$$

$$p_{max} \leqslant 1.2 f_{aE} \tag{4.2.3-2}$$

式中：p——基础底面平均压应力；

p_{max}——基础底面边缘的最大压应力。

4.2.4 液化土层及以上土层的地基承载力不应按4.2.2条规定提高。在计算液化土层以下地基承载力时，应计入液化土层及以上土层重力。

4.3 液化地基

4.3.1 存在饱和砂土或粉土（不含黄土）的地基，应进行液化判别，确定其等级和程度。存在液化土层的地基，应根据公路工程构筑物的重要性和地基液化等级，采取相应措施。

4.3.2 一般地基地面以下15m，桩基和基础埋置深度大于5m的天然地基地面以下20m范围内有饱和砂土或饱和粉土（不含黄土），符合下列条件之一时，可判定为不液化或不需考虑液化影响：

1 设计基本地震动峰值加速度为0.10g（0.15g）、0.20g（0.30g），且地质年代为第四纪晚更新世（Q_3）及其以前的地区。

2 设计基本地震动峰值加速度为0.10g（0.15g）、0.20g（0.30g）和0.40g的地区，粉土中的黏粒（粒径<0.005mm的颗粒）含量分别不小于10%、13%、16%。

3 上覆非液化土层厚度或地下水埋藏深度符合下列条件之一：

$$d_u > d_0 + d_b - 2 \tag{4.3.2-1}$$

$$d_w > d_0 + d_b - 3 \tag{4.3.2-2}$$

$$d_u + d_w > 1.5d_0 + 2d_b - 4.5 \tag{4.3.2-3}$$

式中：d_w——地下水位深度（m），按设计基准期内年平均最高水位采用，也可按近期年最高水位采用；

d_u——扣除淤泥和淤泥质土层厚度后的上覆非液化土层厚度（m）；

d_b——基础埋置深度（m），不超过2m时应采用2m；

d_0——液化土特征深度（m），可按表4.3.2采用。

表4.3.2　液化土特征深度 d_0（m）

饱和土类别	设计基本地震动峰值加速度		
	0.10g（0.15g）	0.20g（0.30g）	0.40g
粉土	6	7	8
砂土	7	8	9

4.3.3　当不能判别为不液化或不需考虑液化影响，需进一步进行液化判别时，应采用标准贯入试验进行地面下15m深度范围内土的液化判别；采用桩基或基础埋深大于5m的基础时，还应进行地面下15~20m范围内土的液化判别。当饱和土标准贯入锤击数（未经杆长修正）小于液化判别标准贯入锤击数临界值N_{cr}时，应判为液化土。有成熟经验时，也可采用其他判别方法。液化判别标准贯入锤击数临界值的计算，应符合下列规定：

1　在地面下15m深度范围内，液化判别标准贯入锤击数临界值可按下式计算：

$$N_{cr} = N_0[0.9 + 0.1(d_s - d_w)]\sqrt{3/\rho_c} \tag{4.3.3-1}$$

2　在地面下15~20m范围内，液化判别标准贯入锤击数临界值可按下式计算：

$$N_{cr} = N_0(2.4 - 0.1d_w)\sqrt{3/\rho_c} \tag{4.3.3-2}$$

式中：N_{cr}——修正的液化判别标准贯入锤击数临界值；

N_0——液化判别标准贯入锤击数基准值，应按表4.3.3采用；

d_s——饱和土标准贯入点深度（m）；

ρ_c——黏粒含量百分率（%），当小于3或为砂土时，应采用3。

表4.3.3　液化判别标准贯入锤击数基准值 N_0

区划图上的特征周期（s）	设计基本地震动峰值加速度		
	0.10g（0.15g）	0.20g（0.30g）	0.40g
0.35	6（8）	10（13）	16
0.40、0.45	8（10）	12（15）	18

注：1. 特征周期根据场地位置在现行《中国地震动参数区划图》（GB 18306）上查取。

2. 括号内数值用于设计基本地震动峰值加速度为0.15g和0.30g的地区。

4.3.4　存在液化土层的地基，应探明各液化土层的深度和厚度，计算每个钻孔的液化指数，按表4.3.4综合划分地基的液化等级。液化指数可按下式计算：

$$I_{lE}=\sum_{i=1}^{n}(1-N_i/N_{cri})d_iW_i \qquad (4.3.4)$$

式中：I_{lE}——液化指数；

n——在判别深度范围内钻孔的标准贯入试验点总数；

N_i——第 i 点标准贯入锤击数的实测值，当实测值大于临界值时应取临界值的数值；

N_{cri}——第 i 点标准贯入锤击数的临界值；

d_i——第 i 点所代表的土层厚度（m），可采用与该标准贯入试验点相邻的上、下两标准贯入试验点深度差的一半，但上界不高于地下水位深度，下界不深于液化深度；

W_i——第 i 土层单位土层厚度的层位影响权函数值（m^{-1}），若判别深度为 15m，当该层中点深度不大于 5m 时应取 10，等于 15m 时取 0，5～15m 按线性内插法取值；若判别深度为 20m，当该层中点深度不大于 5m 时取 10，等于 20m 时取 0，5～20m 时按线性内插法取值。

表 4.3.4　地基液化等级

液化等级	轻微	中等	严重
判别深度为 15m 的液化指数	$0<I_{lE}\leq5$	$5<I_{lE}\leq15$	$I_{lE}>15$
判别深度为 20m 的液化指数	$0<I_{lE}\leq6$	$6<I_{lE}\leq18$	$I_{lE}>18$

4.3.5　未经处理的液化土层不宜作为天然地基持力层。地基的抗液化措施应满足表 4.3.5 的要求。

表 4.3.5　地基抗液化措施要求

构筑物	地基的液化等级		
	轻微	中等	严重
1. 高速公路、一级公路、二级公路上高度大于 5m 的挡土墙； 2. 各级公路上的隧道工程； 3. A、B 类桥梁	应部分消除液化沉降，或对基础和上部结构采取减轻液化沉降影响的措施	宜全部消除液化沉降；也可部分消除液化沉降，并对基础和上部结构采取减轻液化沉降影响的措施	应全部消除液化沉降
1. 高速公路、一级公路、二级公路上高度小于或等于 5m 的挡土墙； 2. 三级公路上的挡土墙； 3. 四级公路上高度大于 5m 的挡土墙； 4. 高速公路和一级公路路基； 5. C 类桥梁	宜对基础和上部结构采取减轻液化沉降影响的措施；结构物自身抵抗液化沉降影响能力较强时，也可不采取措施	应对基础和上部结构采取减轻液化沉降影响的措施；结构物对液化沉降敏感时，应采取更高要求的措施	宜全部消除液化沉降；也可部分消除液化沉降，且对基础和上部结构采取减轻液化沉降影响的措施
1. 四级公路上高度小于或等于 5m 的挡土墙； 2. 二级公路路基； 3. D 类桥梁	可不采取措施	可不采取措施	宜对基础和上部结构采取减轻液化沉降影响的措施，也可采取其他经济合理的措施

4.3.6 全部消除地基液化沉降的措施应符合下列要求：

1 采用桩基时，应对液化土层的桩周摩阻力进行折减。桩尖持力层为碎石土、砾，粗、中砂，坚硬黏性和密实粉土时，桩尖持力层厚度不应小于1倍桩径或0.5m；为其他非岩石土时，桩尖持力层厚度不宜小于3倍桩径或1.5m。

2 深基础基础底面应埋入液化深度以下的稳定土层中，埋入深度不应小于1.0m。

3 采用振冲、振动加密、挤密碎石桩、砂桩、强夯等加密法对液化土层进行加固处理时，处理深度应达到液化深度下界，经处理的复合地基的标准贯入锤击数不应小于本规范第4.3.3条规定的液化判别标准贯入锤击数临界值。

4 采用换土法时，应用非液化土替换全部液化土层的土。

5 采用加密法或换土法处理时，基础边缘以外的处理宽度应超过基础底面以下处理深度的1/2，且不小于基础宽度的1/5。

4.3.7 部分消除地基液化沉降的措施应符合下列要求：

1 处理后地基的液化指数不应大于5。

2 加固后复合地基的标准贯入锤击数，不应小于本规范第4.3.3条规定的液化判别标准贯入锤击数临界值。

3 基础边缘以外的处理宽度，应符合本规范第4.3.6条第5款的规定。

4.3.8 减轻液化对基础和上部结构影响，可综合采用下列各项措施：

1 选择合适的基础深度。

2 调整基础底面积，减小基础偏心。

3 加强基础整体性和刚度。

4 减轻荷载，增强上部结构的整体刚度和均匀对称性，避免采用对不均匀沉降敏感的结构形式等。

4.3.9 液化等级为中等和严重的古河道、现代河滨、海滨，当存在液化侧向扩展或流滑可能时，在距常水位线100m以内修建的抗震重点工程构筑物，应进行抗滑动验算，必要时应采取防止土体滑动措施。

4.4 桩基础

4.4.1 非液化地基的桩基，进行抗震验算时，柱桩的地基抗震容许承载力调整系数可取1.5，摩擦桩的地基抗震容许承载力调整系数可根据地基土类别按表4.2.2取值。采用荷载试验确定单桩竖向承载力时，单桩竖向承载力可提高50%，桩基的单桩水平承载力可提高25%。

4.4.2 地基内有液化土层时，液化土层的承载力（包括桩侧摩阻力）、土抗力（地基系数）、内摩擦角和黏聚力等应按表 4.4.2 进行折减。表 4.4.2 中，液化抵抗系数 C_e 值应按式（4.4.2）计算确定：

$$C_e = \frac{N_1}{N_{cr}} \tag{4.4.2}$$

式中：C_e——液化抵抗系数；

N_1——实际标准贯入锤击数；

N_{cr}——经修正的液化判别标准贯入锤击数临界值。

表 4.4.2 土层的液化影响折减系数

C_e	深 度（m）	折 减 系 数
$C_e \leq 0.6$	$d_s \leq 10$	0
	$10 < d_s \leq 20$	1/3
$0.6 < C_e \leq 0.8$	$d_s \leq 10$	1/3
	$10 < d_s \leq 20$	2/3
$0.8 < C_e \leq 1.0$	$d_s \leq 10$	2/3
	$10 < d_s \leq 20$	1

4.4.3 桩基承台全部或局部处于液化土层中时，承台基坑应回填并夯实。回填土为砂土或粉土时，夯实后土层的标准贯入锤击数不应小于本规范第 4.3.3 条规定的液化判别标准贯入锤击数临界值。

5　桥梁

5.1　一般规定

5.1.1　本章适用于单跨跨径不超过150m的钢筋混凝土和预应力混凝土梁桥、圬工或钢筋混凝土拱桥的抗震设计。

5.1.2　地震作用可用设计加速度反应谱、设计地震动时程或其他可靠方法表征。

5.1.3　设计基本地震动峰值加速度大于或等于0.20g地区的拱式结构、长悬臂桥梁结构，以及竖向地震作用引起的地震效应占总地震效应的比率大时，应同时考虑顺桥向X、横桥向Y和竖向Z的地震作用；其余桥梁结构可仅考虑水平向地震作用。

5.1.4　采用设计加速度反应谱法表征地震作用，在同时考虑三个正交方向（水平向X、Y和竖向Z）的地震作用时，可分别单独计算X向地震作用在i计算方向上产生的最大效应E_{iX}、Y向地震作用在i计算方向上产生的最大效应E_{iY}与Z向地震作用在i计算方向上产生的最大效应E_{iZ}，i计算方向总的设计最大地震作用效应E_i可按式（5.1.4）求取：

$$E_i=\sqrt{E_{iX}^2+E_{iY}^2+E_{iZ}^2} \tag{5.1.4}$$

5.2　设计加速度反应谱

5.2.1　阻尼比为0.05的水平设计加速度反应谱中，任意时点的水平设计加速度反应谱值S（图5.2.1）可由式（5.2.1）确定：

$$S=\begin{cases} S_{\max}(5.5T+0.45) & (T<0.1\text{s}) \\ S_{\max} & (0.1\text{s}\leqslant T\leqslant T_g) \\ S_{\max}(T_g/T) & (T>T_g) \end{cases} \tag{5.2.1}$$

式中：T_g——特征周期（s）；

T——结构自振周期（s）；

$S_{\max}$——水平设计加速度反应谱最大值。

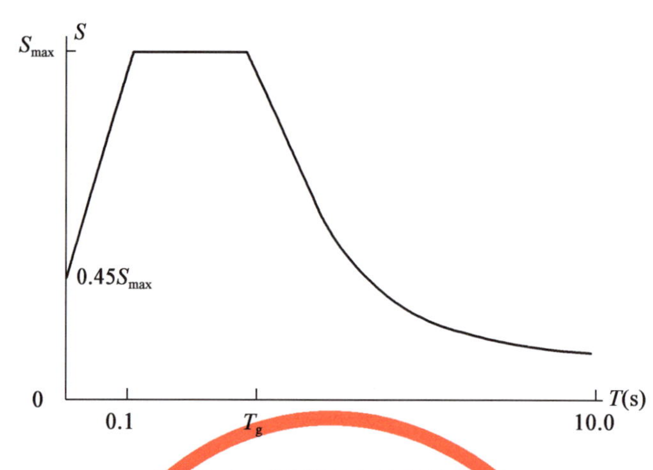

图 5.2.1 水平设计加速度反应谱

5.2.2 水平设计加速度反应谱最大值 S_{max} 可由式（5.2.2）确定：

$$S_{max}=2.25C_iC_sC_dA_h \tag{5.2.2}$$

式中：C_i——桥梁抗震重要性修正系数，根据表 3.1.3 取值；

C_s——场地系数，根据表 5.2.2 取值；

C_d——阻尼调整系数，根据第 5.2.4 条的规定确定；

A_h——水平向设计基本地震动峰值加速度。

表 5.2.2 场地系数 C_s

场地类别	设计基本地震动峰值加速度					
	0.05g	0.10g	0.15g	0.20g	0.30g	≥0.40g
Ⅰ	1.2	1.0	0.9	0.9	0.9	0.9
Ⅱ	1.0	1.0	1.0	1.0	1.0	1.0
Ⅲ	1.1	1.3	1.2	1.2	1.0	1.0
Ⅳ	1.2	1.4	1.3	1.3	1.0	0.9

5.2.3 特征周期 T_g 应按桥梁所在位置，根据现行《中国地震动参数区划图》（GB 18306）上的特征周期和相应的场地类别，按表 5.2.3 取值。

表 5.2.3 设计加速度反应谱特征周期调整表

区划图上的特征周期（s）	场地类别			
	Ⅰ	Ⅱ	Ⅲ	Ⅳ
0.35	0.25	0.35	0.45	0.65
0.40	0.30	0.40	0.55	0.75
0.45	0.35	0.45	0.65	0.90

5.2.4 结构的阻尼比 ξ 为0.05时，阻尼调整系数 C_d 应取1.0；当结构的阻尼比不等于0.05时，阻尼调整系数 C_d 应按式（5.2.4）计算：

$$C_d = 1 + \frac{0.05 - \xi}{0.06 + 1.7\xi} \geq 0.55 \tag{5.2.4}$$

5.2.5 竖向设计加速度反应谱应由水平向设计加速度反应谱乘以竖向/水平向谱比函数 R 确定。R 的取值应符合下列规定：

1　对于基岩场地：

$$R = 0.6 \tag{5.2.5-1}$$

2　对于土层场地：

$$R = \begin{cases} 1.0 & (T < 0.1\text{s}) \\ 1.0 - 2.5(T - 0.1) & (0.1\text{s} \leq T < 0.3\text{s}) \\ 0.5 & (T \geq 0.3\text{s}) \end{cases} \tag{5.2.5-2}$$

式中：T——结构自振周期（s）。

5.3　设计地震动时程

5.3.1 采用设计地震动时程表征地震作用时，设计地震动时程可根据本规范设计加速度反应谱，合成与其兼容的设计地震动时程；也可选用与设定地震震级、距离大体相近的实际地震动加速度记录，通过时域方法调整，获得反应谱与本规范设计加速度反应谱兼容的设计地震动时程。

5.3.2 桥址已作地震安全性评价并提供了设计地震动时程的，进行抗震验算时，设计地震动时程应取用工程场地地震安全性评价的结果。

5.4　抗震设计

5.4.1 进行桥梁结构抗震设计时，应建立合理的抗震验算模型。结构形式简单的桥梁结构可简化为单自由度体系的模型进行抗震验算。

5.4.2 桥台台身在地震作用下产生的地震惯性力，在进行抗震验算时可简化为静力参与验算。

5.4.3 需要验算E2地震作用下抗震能力的钢筋混凝土墩柱式梁桥，可将墩柱作为延性构件设计，将基础、盖梁、梁体和结点作为能力保护构件设计。设计弯矩和剪力可按下列要求确定：

1　墩柱的设计剪力值应采用墩柱的极限弯矩所对应的剪力。计算墩柱设计剪力值时，应考虑所有潜在塑性铰位置以确定最大的设计剪力值。

2 盖梁、基础的设计弯矩值和设计剪力值应采用墩柱的极限弯矩（考虑超强系数）所对应的弯矩、剪力值。

5.4.4 桥梁宜采用构造简单、性能可靠的减隔震装置。减隔震装置应在其性能明确的范围内使用。采用减隔震装置后，桥梁的基本周期宜大于不采用减隔震装置时的基本周期的2倍。

5.5 强度和变形验算

5.5.1 桥梁工程应按式（5.5.1）验算其承载能力极限状态下地震作用偶然组合时的承载能力：

$$\gamma_0\left(\sum_{i=1}^{m}\gamma_{Gi}S_{GiK}+\sum_{j=1}^{n}S_{QjK}+Q_e\right)\leqslant R(\gamma_f,f_K,\gamma_a,\alpha_K) \tag{5.5.1}$$

式中：γ_0——结构重要性系数；

S_{GiK}——第 i 个永久作用效应；

S_{QjK}——可能与地震作用同时作用的第 j 个可变作用的一定量级的效应；

Q_e——地震作用效应；

γ_{Gi}——永久作用分项系数，具体取值见现行《公路圬工桥涵设计规范》（JTG D61）和《公路钢筋混凝土及预应力混凝土桥涵设计规范》（JTG D62）；

$R(\cdot)$——结构或结构构件的抗力函数，按现行《公路圬工桥涵设计规范》（JTG D61）和《公路钢筋混凝土及预应力混凝土桥涵设计规范》（JTG D62）的有关规定计算；

γ_f——结构材料、岩土性能的分项系数；

γ_a——结构或构件几何参数的分项系数；

f_K——材料、岩土性能的标准值；

α_K——几何参数的标准值。

5.5.2 桥梁结构在E2地震作用下，应验算潜在塑性铰区域沿顺桥向和横桥向的塑性转动能力；对于简支桥梁结构，可简化为验算桥墩墩顶的位移。

5.5.3 支座的性能应满足地震作用下对强度和允许变形量的要求。

5.6 抗震措施

5.6.1 宜采用对抗震有利的桥梁形式。

5.6.2 上部结构连续的桥梁，各桥墩高度宜相近。相邻桥墩高度相差较大时，宜采取采用不同的桥墩断面构造、下挖地面等措施调整桥墩的抗推刚度。

5.6.3　在刚度较大的桥墩处可设置能协调结构在地震作用下变形的设施，保证结构的抗震性能。

5.6.4　应加强结构塑性铰区域、结点区域等薄弱部位的构造措施，保证结构的强度和延性。

5.6.5　相邻上部结构之间宜在桥台、桥墩等处设置适当的间隙，满足地震作用下的需要，并应满足正常使用条件下车辆运行和结构养护的要求。

5.6.6　装配式结构宜采取加强结构横向连接等提高结构整体性的构造措施。在伸缩缝处宜采取加大支撑距离、设置限位装置和连梁装置等防落梁措施。

5.6.7　设计基本地震动峰值加速度大于或等于0.10g的地区，不应采用独柱式结构。双柱式或多柱式桥墩应加强横向连接，保证桥墩的延性。

5.6.8　简支梁桥应合理确定简支梁梁端至墩、台帽或盖梁边缘的距离，并采取必要的措施，防止落梁。

5.6.9　设防烈度为7度的桥梁，还应采取下列措施：

1　应适当加强桥台背墙，并宜在梁与梁之间和梁与桥台背墙之间加装橡胶垫或其他弹性衬垫。

2　桥面不连续的简支梁（板）桥，宜采取设置挡块、螺栓连接和钢夹板连接等防止纵向落梁的措施。

3　连续梁和桥面连续的简支梁（板）桥，应采取防止横向产生较大位移的措施。

4　软弱黏性土层、液化土层和不稳定的河岸处，大中桥可采取适当增加桥长、合理布置桥孔等措施，使墩台避开地震时可能发生滑动的岸坡或地形突变的不稳定地段；也可采取加大基础埋置深度等措施。

5　小桥宜采取在两桥台基础之间设置支撑梁或采用浆砌片（块）石满铺河床等措施。

5.6.10　设防烈度为8度的桥梁，还应采取下列措施：

1　应采用合理的限制位移装置，控制结构相邻构件之间的相对位移。

2　连续梁桥宜采取措施，使上部构造所产生的水平地震作用能由各个墩、台共同承担。桥台宜采用整体性强的结构形式。

3　连续曲梁的边墩和上部结构之间应采取措施防止边墩与梁脱离。

4　混凝土墩（台）的墩（台）帽与墩（台）身连接处、墩（台）身与基础连接处、截面突变处应采取提高抗剪能力的措施。

5　混凝土墩、台和拱圈的最低砂浆强度等级或混凝土强度等级，应按要求提高一级采用。

6　桥梁下部为钢筋混凝土结构时，其混凝土强度等级不应低于C25。

7　基础宜置于基岩或坚硬土层上，底面宜采用平面形式。基岩上的基础，在满足抗震要求的前提下，也可采取阶梯形式。

5.6.11　设防烈度为9度的桥梁，还应采取下列措施：

1　应加强梁桥各片梁间的横向连接，保证上部结构的整体性。当采用桁架体系时，应采取结构措施，保证其横向稳定性。

2　梁桥活动支座应采取限制其竖向位移的措施。

3　混凝土或钢筋混凝土无铰拱，宜在拱脚的上、下缘配置或增加适当的钢筋，钢筋伸入墩（台）拱座内的长度不应小于钢筋锚固长度。

4　拱桥墩、台上的拱座，混凝土强度等级不应低于C25，并应配置钢筋。

5　桥梁墩、台采用多排桩基础时，宜设置部分斜桩。

6　隧道

6.1　一般规定

6.1.1　隧道宜设置于抗震有利地段。

6.1.2　隧道洞口不应设在岩堆、滑坡体、泥石流沟、崩塌、围岩落石等不良地质及排水困难的沟谷低洼处或不稳定的悬崖陡壁下。

6.1.3　应根据公路等级、地震烈度、地形地质情况，合理选择隧道形式。悬臂式棚洞不宜用于设计基本地震动峰值加速度大于0.20g的地区。

6.2　强度和稳定性验算

6.2.1　隧道应按表6.2.1的规定验算其抗震强度和稳定性。

表6.2.1　隧道抗震强度和稳定性验算范围

工程项目		设计基本地震动峰值加速度			
		高速公路、一级公路、二级公路		三级公路、四级公路	
		≤0.15g	>0.15g	≤0.15g	>0.15g
洞门墙及洞口挡土墙		不验算	验算	不验算	验算
洞口浅埋和偏压地段隧道衬砌	单车道Ⅳ～Ⅵ级围岩	—	—	不验算	验算
	双车道Ⅴ～Ⅵ级围岩	验算	验算	验算	验算
	双车道Ⅲ～Ⅳ级围岩	不验算	验算	不验算	验算
	三车道Ⅲ～Ⅳ级围岩	验算	验算	—	—
明洞	单车道	不验算	—	不验算	验算
	双车道	验算	验算	验算	验算

注：围岩分级应按现行《公路隧道设计规范》（JTG D70）的规定执行。

6.2.2　隧道的地震作用可按静力法计算。验算隧道的结构抗震强度和稳定性时，地震作用应与结构重力和土的重力组合。

6.2.3 地基抗震容许承载力调整系数，应按本规范第4.2.2条的规定取值。

6.3 抗震措施

6.3.1 隧道洞口应采取控制路堑边坡和仰坡的开挖高度等措施防止坍塌震害；位于悬崖陡壁下的洞口，宜采取设置明洞等措施防止落石的危害。

6.3.2 洞门建筑材料不应低于表6.3.2的要求。

表6.3.2 洞门建筑材料

工程部位		设计基本地震动峰值加速度	
		0.20g（0.30g）	≥0.40g
洞门端墙	单车道	不低于M10浆砌片石	片石混凝土或混凝土
	双车道	片石混凝土	混凝土
	三车道及以上	混凝土	混凝土
洞口挡土墙或翼墙	H≤10m	不低于M10浆砌片石	
	H>10m	片石混凝土或混凝土	

注：H为挡土墙或翼墙的高度。

6.3.3 设计基本地震动峰值加速度大于或等于0.10g的地区，隧道洞口浅埋和偏压地段应采取抗震措施，并宜采用带仰拱的曲墙式衬砌。设防长度应根据地形、地质条件，按下列规定确定：

1 设计基本地震动峰值加速度大于或等于0.10g的地区、洞口为Ⅴ～Ⅵ级围岩的双车道隧道和设计基本地震动峰值加速度大于或等于0.20g的地区、洞口为Ⅲ～Ⅵ级围岩的双车道隧道，设防长度不宜小于25m。

2 设计基本地震动峰值加速度大于或等于0.20g的地区、洞口为Ⅳ～Ⅵ级围岩的单车道隧道，设防长度不宜小于15m。

6.3.4 抗震设防地段隧道衬砌和明洞的建筑材料，不应低于表6.3.4的要求。设计基本地震动峰值加速度小于0.10g地区的单压拱形明洞外边墙、棚式明洞衡重式边墙可采用M10浆砌片石。

表6.3.4 隧道衬砌和明洞建筑材料

工程项目	围岩或结构类别	材料种类
隧道衬砌	Ⅴ～Ⅵ	钢筋混凝土
	Ⅳ	混凝土或钢筋混凝土
	Ⅲ	混凝土

续上表

工 程 项 目	围岩或结构类别	材 料 种 类
拱形明洞	Ⅳ～Ⅵ级围岩段拱圈	拱圈用钢筋混凝土
	Ⅲ级及以上围岩段拱圈	拱圈用混凝土或钢筋混凝土
	单压明洞外边墙	混凝土或钢筋混凝土
棚式明洞	顶梁	钢筋混凝土
	外支承结构	混凝土或钢筋混凝土
	内侧锚杆式边墙	混凝土
	衡重式边墙	混凝土

6.3.5 设计基本地震动峰值加速度大于或等于0.20g的地区，隧道洞门端墙与衬砌环框间、端墙与洞口挡土墙或翼墙间的施工接缝处，应采取加设短钢筋或设置榫头等抗震连接措施。

6.3.6 棚式明洞应按本规范第5章规定，采取防止落梁的措施。

6.3.7 浅埋、偏压以及位于断裂破碎带等地质不良地段的隧道段落，除设置系统锚杆外，还宜在衬砌背后一定范围内压注水泥砂浆。

6.3.8 隧道建筑范围内有发震断裂时，应考虑发震断裂错动对隧道的影响。设计基本地震动峰值加速度大于或等于0.20g和0.40g的地区，当必须修建隧道时，隧道边缘距离主断裂边缘的距离应分别大于300m和500m。

7 挡土墙

7.1 一般规定

7.1.1 设计基本地震动峰值加速度大于或等于0.20g的地区不宜采用加筋土挡土墙。

7.1.2 挡土墙范围内有发震断裂，且按本规范第3.6.11条判定，需考虑发震断裂的错动对挡土墙的影响时，应优先采取避开措施。

7.1.3 高速公路和一级公路上的挡土墙距离主断裂边缘不宜小于100m；无法满足时，应采取降低挡土墙高度、采用整体浇筑的重力式混凝土挡土墙、设置合理有效的伸缩缝和沉降缝等措施，并应设置完善的排水系统。

7.2 强度和稳定性验算

7.2.1 挡土墙应按表7.2.1规定的范围和要求验算其抗震强度和稳定性。

表7.2.1 挡土墙抗震强度和稳定性验算范围

地基类型		设计基本地震动峰值加速度				
		高速公路、一级公路、二级公路			三级公路、四级公路	
		0.10g（0.15g）	0.20g（0.30g）	0.40g	<0.40g	0.40g
岩石、非液化土及非软土地基	非浸水	不验算	$H>4$ 验算	验算	不验算	验算
	浸水	不验算	验算	验算	不验算	验算
液化土及软土地基		验算	验算	验算	不验算	验算

注：H为挡土墙墙趾至墙顶的高度（m）。

7.2.2 公路挡土墙可采用静力法验算挡土墙体抗震强度和稳定性。设计基本地震动峰值加速度大于或等于0.10g地区的高速公路、一级公路上的挡土墙，高度超过20m，且地基处于抗震危险地段的，应作专门研究。

7.2.3 按静力法验算时，挡土墙第i截面以上墙身重心处的水平地震作用可按式（7.2.3-1）、式（7.2.3-2）计算：

$$E_{ih} = C_iC_zA_h\psi_iG_i/g \qquad (7.2.3\text{-}1)$$

式中：E_{ih}——第 i 截面以上墙身重心处的水平地震作用（kN）；

C_i——抗震重要性修正系数，应按表 3.2.2 采用；

C_z——综合影响系数，重力式挡土墙取 0.25，轻型挡土墙取 0.3；

A_h——水平向设计基本地震动峰值加速度；

G_i——第 i 截面以上墙身圬工的重力（kN）；

ψ_i——水平地震作用沿墙高的分布系数，按式（7.2.3-2）计算取值；

$$\psi_i = \begin{cases} \dfrac{1}{3}\dfrac{h_i}{H} + 1.0 & (0 \leqslant h_i \leqslant 0.6H) \\ \dfrac{3}{2}\dfrac{h_i}{H} + 0.3 & (0.6H < h_i \leqslant H) \end{cases} \qquad (7.2.3\text{-}2)$$

h_i——挡土墙墙趾至第 i 截面的高度。

7.2.4 位于斜坡上的挡土墙，作用于其重心处的水平向总地震作用可按式（7.2.4-1）、式（7.2.4-2）计算：

岩基
$$E_h = 0.30C_iA_hW/g \qquad (7.2.4\text{-}1)$$

土基
$$E_h = 0.35C_iA_hW/g \qquad (7.2.4\text{-}2)$$

式中：E_h——作用于挡土墙重心处的水平向总地震作用（kN）；

W——挡土墙的总重力（kN）。

7.2.5 路肩挡土墙的地震主动土压力可按式（7.2.5-1）、式（7.2.5-2）计算，其他挡土墙地震主动土压力可按附录 A 规定计算。

$$E_{ea} = \frac{1}{2}\gamma H^2K_a(1 + 0.75C_iK_h\tan\varphi) \qquad (7.2.5\text{-}1)$$

式中：E_{ea}——地震时作用于挡土墙背每延米长度上的主动土压力（kN/m），其作用点为距挡土墙底 $0.4H$ 处；

γ——土的重度（kN/m^3）；

H——挡土墙高度（m）；

K_a——非地震作用下作用于挡土墙背的主动土压力系数，可按下式计算；

$$K_a = \cos^2\varphi/(1 + \sin\varphi)^2 \qquad (7.2.5\text{-}2)$$

φ——挡土墙背土的内摩擦角（°）。

7.2.6 挡土墙墙身的截面偏心距 e 应符合式（7.2.6）的规定。基础底面的合力偏心距 e 应符合表 7.2.6 的规定。

$$e \leqslant 2.4\rho \qquad (7.2.6)$$

式中：ρ——截面核心半径（m）。

表 7.2.6 基础底面的合力偏心距 e

地 基 土	e
岩石，密实的碎石土，密实的砾、粗、中砂，老黏性土，$f_a \geq 300$kPa 的黏性土和粉土	$\leq 2.0\rho$
中密的碎石土，中密的砾、粗、中砂，$150\text{kPa} \leq f_a < 300$kPa 的黏性土和粉土	$\leq 1.5\rho$
密、中密的细砂、粉砂，$100\text{kPa} \leq f_a < 150$kPa 的黏性土和粉土	$\leq 1.2\rho$
新近沉积的黏性土，软土，松散的砂，填土，$f_a < 100$kPa 的黏性土和粉土	$\leq 1.0\rho$

7.2.7 挡土墙的抗震稳定性验算应按现行《公路桥涵地基与基础设计规范》（JTG D63）进行，其抗滑动稳定系数 K_c 不应小于 1.1，抗倾覆稳定系数 K_0 不应小于 1.2。

7.3 抗震措施

7.3.1 设计基本地震动峰值加速度大于或等于 0.20g 时，干砌片（块）石挡土墙的高度不宜超过 5m；大于或等于 0.40g 时，不宜超过 3m。高速公路、一级公路不应使用干砌片石挡土墙。

7.3.2 设计基本地震动峰值加速度大于或等于 0.10g 时，浆砌片（块）石挡土墙的最低砂浆强度等级应按现行《公路圬工桥涵设计规范》（JTG D61）的要求提高一级采用，挡土墙高度不宜大于表 7.3.2 的规定。当挡土墙高度大于表 7.3.2 所列数值时，宜采用混凝土整体浇筑或分级式挡土墙。

表 7.3.2 浆砌片（块）石挡土墙的高度限值

高 度（m）		设计基本地震动峰值加速度	
		0.20g、0.30g	≥0.40g
公路等级	高速公路、一级公路	12	10
	二级公路、三级公路	14	12

7.3.3 混凝土挡土墙的施工缝和衡重式挡土墙的变截面处，应采用短钢筋加强、设置不少于占截面面积 20% 的榫头等措施提高抗剪强度。

7.3.4 挡土墙应分段修筑，每段长度不宜超过 15m；在墙的分段处、地基土及墙高变化处，应设置沉降缝。

7.3.5 位于液化土及软土地基上的挡土墙，应按本规范第 4 章有关规定进行地基处理。当采用桩基时，桩尖应伸入稳定土层。

8　路基

8.1　一般规定

8.1.1　应根据公路等级、场区设计基本地震动峰值加速度、地形地质条件，合理选择填料，确定路基高度和断面形式，并采取必要的防护措施，保证路基安全。

8.1.2　路线经过规模较大、性质复杂的滑坡、崩塌、岩溶等不良地质地段时，应采用排、挡及改善软弱层带的工程性质等措施进行综合治理，减轻地震诱发的地质灾害对路基的危害。

8.2　抗震稳定性验算

8.2.1　路基应按表 8.2.1 规定的范围和要求验算其抗震稳定性。

表 8.2.1　路基抗震稳定性验算的范围

<table>
<tr><td colspan="3" rowspan="3">项　目</td><td colspan="4">基本地震动峰值加速度</td></tr>
<tr><td colspan="3">高速公路、一级公路、二级公路</td><td>三级公路、四级公路</td></tr>
<tr><td>0.10g（0.15g）</td><td>0.20g（0.30g）</td><td>≥0.40g</td><td>≥0.40g</td></tr>
<tr><td rowspan="4">岩石、非液化土及非软土地基上的路堤</td><td rowspan="2">非浸水</td><td>用岩块及细粒土（粉性土、有机质土除外）填筑</td><td>不验算</td><td>$H>20$ 验算</td><td>$H>15$ 验算</td><td>$H>20$ 验算</td></tr>
<tr><td>用粗粒土（极细砂、细砂除外）填筑</td><td>不验算</td><td>$H>12$ 验算</td><td>$H>6$ 验算</td><td>$H>12$ 验算</td></tr>
<tr><td>浸水</td><td>用渗水性土填筑</td><td>不验算</td><td>$H_w>3$ 验算</td><td>$H_w>2$ 验算</td><td>水库地区
$H_w>3$ 验算</td></tr>
<tr><td colspan="2">地面横坡度大于 1:3 的路基</td><td>不验算</td><td>验算</td><td>验算</td><td>验算</td></tr>
<tr><td>路堑</td><td colspan="2">黏性土、黄土、碎石类土</td><td>一般不验算</td><td>$H>20$ 验算</td><td>$H>15$ 验算</td><td>$H>20$ 验算</td></tr>
</table>

注：1. H 为路基高度（m）。
2. H_w 为路基浸水常水位的深度（m）。

8.2.2　公路路基可采用静力法进行抗震稳定性验算。设计基本地震动峰值加速度大于或等于 0.20g 地区的高速公路、一级公路，挖方高度超过 20m，填方路堤高度超过

15m，且处于滑坡地段的路基，宜对抗震稳定性进行专门研究。

8.2.3 当路堤高度大于20m且位于设计基本地震动峰值加速度大于或等于0.20g地区时，路基抗震稳定性验算应考虑垂直路线走向的水平地震作用和竖向地震作用，其余情况只考虑垂直路线走向的水平地震作用。

8.2.4 地震作用应与结构重力、土重力组合，对于水库地区浸水路基以及滨河地区高速公路和一级公路浸水路基还应计入常水位的水压力和浮力。

8.2.5 采用静力法对路基进行抗震稳定性验算时，高速公路和一级、二级公路路基边坡高度大于20m的，路基边坡抗震稳定系数不应小于1.15，路基边坡高度小于或等于20m的，不应小于1.1；三级、四级公路的路基边坡抗震稳定系数不应小于1.05。

8.2.6 采用静力法对路基进行抗震稳定性验算时，应按下列公式计算路基边坡抗震稳定系数K_c：

1 作用于各土体条块重心处的地震作用应按下式计算：

水平地震作用
$$E_{hsi}=C_i C_z A_h \psi_j G_{si}/g \tag{8.2.6-1}$$

竖向地震作用
$$E_{vsi}=C_i C_z A_v G_{si}/g \tag{8.2.6-2}$$

式中：E_{hsi}——作用于路基计算土体重心处的水平地震作用（kN）；

E_{vsi}——作用于路基计算土体重心处的竖向地震作用（kN）；

C_i——抗震重要性修正系数，应按表3.2.2采用；

C_z——综合影响系数，取0.25；

ψ_j——水平地震作用沿路堤边坡高度增大系数，按式（8.2.6-3）取值；

$$\psi_j=\begin{cases}1.0 & (H\leqslant 20\text{m})\\ 1.0+\dfrac{0.6}{H-20}(h_i-20) & (H>20\text{m})\end{cases} \tag{8.2.6-3}$$

A_h——路基所处地区的水平向设计基本地震动峰值加速度；

G_{si}——路基计算第i条土体重力（kN）；

A_v——路基所处地区的竖向设计基本地震动峰值加速度，根据表3.3.2确定，作用方向取不利于稳定的方向；计算时向上取负，向下取正；

h_i——路基计算第i条土体的高度（m）；

H——路基边坡高度（m）。

2 土质路基抗震稳定系数K_c应根据图8.2.6，按式（8.2.6-4）确定，也可采用其他可靠方法计算。

$$K_c = \frac{\sum_{i=1}^{n}\{cB\sec\theta + [(G_{si} + E_{vsi})\cos\theta - E_{hsi}\sin\theta]\tan\varphi\}}{\sum_{i=1}^{m}[(G_{si} + E_{vsi})\sin\theta + M_h/r]} \tag{8.2.6-4}$$

式中：K_c——抗震稳定系数；

r——圆弧半径（m）；

B——滑动体条块宽度（m）；

θ——条块底面中点切线与水平线的夹角（°）；

M_h——F_h 对圆心的力矩（kN·m）；

F_h——作用在条块重心处的水平向地震惯性力代表值（kN/m），作用方向取不利于稳定的方向；

c——土石填料在地震作用下的黏聚力（kN）；

φ——土石填料在地震作用下的摩擦角（°）。

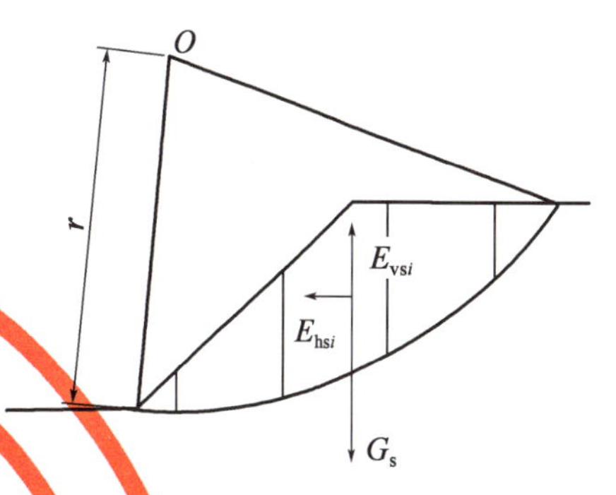

图 8.2.6　圆弧滑动法计算示意图

8.3　抗震措施

8.3.1　路堤填料的选择应符合下列规定：

1　路堤填方宜采用抗震稳定性较好的碎石土、黏性土、卵石土和不易风化的石块等材料，当采用砂类土填筑路基时，应对边坡坡面采取适当防护措施。

2　路堤浸水部分的填料，宜选用抗震稳定性较好的渗水性土。

3　位于设计基本地震动峰值加速度大于或等于 0.20g 地区的高速公路和一级公路，采用粉砂、细砂作填料时，应采取防止液化的措施。

8.3.2　公路路堤或路堑的高度大于表 8.3.2 规定时，应采取放缓边坡或加固等措施。

表 8.3.2　路基高度限值（m）

填 土 类 别	设计基本地震动峰值加速度				
	高速公路、一级公路		二级公路	三级公路、四级公路	
	0.20g（0.30g）	0.40g	0.40g	0.30g	0.40g
岩块和细粒土（粉土和有机质土除外）路基	15	10	15	—	
粗粒土（细砂、极细砂除外）路基	6	3	6	—	
黏性土路堑	15	15	10	15	20

8.3.3　对于设计基本地震动峰值加速度大于或等于 0.20g 地区的高速公路和一级、二级公路，在自然坡度大于 1:5 的稳定斜坡上填筑路堤时，应在原地面挖台阶，台阶宽

度不宜小于2m，坡脚处应采取设置支挡构筑物等防滑措施。

8.3.4 当在自然坡度大于1:3的稳定斜坡上填筑路堤时，应验算路堤整体沿基底的滑动稳定性，其抗滑稳定性系数不应小于1.1。

8.3.5 路基地基存在液化土层，当满足下列条件之一时，可不采取抗震措施：

1 高速公路和一级公路路堤高度小于3m，二级、三级、四级公路路堤高度小于4m。

2 上覆非液化土层厚度 d_u 或地下水位的深度 d_w 值大于表8.3.5规定的限制。

3 设计基本地震动峰值加速度大于或等于0.10g（0.15g）、0.20g（0.30g）、0.40g 的地区，对应地面以下5m、6m、7m深度内，液化土层的累计厚度小于2m，且高速公路和一级公路路堤高度小于5m，二级公路路堤高度小于6m。

表8.3.5 d_u 或 d_w 的限值（m）

公路等级	设计基本地震动峰值加速度		
	0.10g（0.15g）	0.20g（0.30g）	0.40g
高速公路和一级公路	5	6	7
二级公路	4	5	6
三级公路、四级公路	3	4	5

8.3.6 高速公路和一级公路的路基地基为液化土层，不满足本规范第8.3.5条规定时，应按本规范第4.3.5条的规定采取抗液化措施。

8.3.7 筑于软土地基且高度大于6m的路堤，可根据具体情况适当采取下列措施，提高路基的抗震稳定性：

1 降低填土高度，置换软土设置反压护道。

2 取土坑和边沟浅挖、远离路基。

3 保护路基与取土坑之间的地表植被或采取地基加固措施。

8.3.8 软土地基上的高速公路和一级公路，地表设置垫层时，垫层材料应采用碎、卵石或粗砂夹碎石（卵石），不得采用细砂。

8.3.9 边坡高度超过10m的岩石路堑，边坡坡度宜参考表8.3.9的规定确定。边坡岩体石质破碎或有危石的岩石路堑，上覆层受震易坍塌时，应采取支挡措施；对于高速公路和一级公路，宜采用明洞或隧道方案通过。

表 8.3.9　边坡高度超过 10m 的岩石路堑参考边坡坡度

岩石种类	设计基本地震动峰值加速度	
	0.20*g*（0.30*g*）	0.40*g*
风化岩石	1:0.6～1:1.5	1:0.75～1:1.5
一般岩石	1:0.1～1:0.5	1:0.2～1:0.6
坚石	1:0.1～直立	1:0.1～直立

8.3.10　路基通过发震断裂，按本规范第 3.6.11 条判定，需要考虑发震断裂错动对路基影响时，高速公路、一级公路和二级公路，距发震断裂带边缘 100m 范围内，路堤高度和路堑边坡高度宜小于 3m，三级公路和四级公路宜小于 4m。

9 涵洞

9.0.1 设计基本地震动峰值加速度大于或等于0.20g地区的高速公路和一级、二级公路上的涵洞，应选用外形封闭的圆管涵或箱涵。

9.0.2 软土或液化地基上的涵洞，地基基础处理应符合本规范第4.3节的有关规定。

9.0.3 涵洞可按本规范第7.2节的规定进行强度和稳定性验算，其综合影响系数C_z可取0.3。

9.0.4 钢筋混凝土管涵的涵节接头两侧宜置于同一土层上。设计基本地震动峰值加速度大于或等于0.40g的地区，宜采用钢筋混凝土套环式接头。

附录 A　地震土压力计算

A.0.1　地震主动土压力可按下式计算：

$$E_{ea}=\left[\frac{1}{2}\gamma H^2+qH\frac{\cos\alpha}{\cos(\alpha-\beta)}\right]K_a-2cHK_{ca} \quad (A.0.1\text{-}1)$$

式中：γ——填土重度（kN/m³），水下采用浮重度；

H——墙高（m）；

q——滑裂楔体上的均布荷载标准值，地面倾斜时为单位斜面积上的重力标准值（kPa）；

α——墙面与竖直方向之间的夹角（°），如图 A.0.1 所示；

β——填土表面与水平面的夹角（°），如图 A.0.1 所示；

c——黏性填土的黏聚力（kPa）（当为砂性土时，$c=0$）；

K_a——地震主动土压力系数；

K_{ca}——系数。

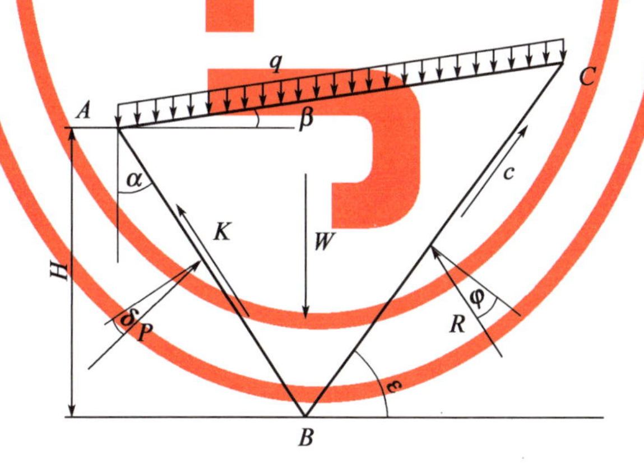

图 A.0.1　地震土压力计算示意图

1　式（A.0.1-1）中的 K_a 可按下式计算：

$$K_a=\frac{\cos^2(\varphi-\alpha-\theta)}{\cos\theta\cos^2\alpha\cos(\alpha+\delta+\theta)\left[1+\sqrt{\frac{\sin(\varphi+\delta)\sin(\varphi-\beta-\theta)}{\cos(\alpha-\beta)\cos(\alpha+\delta+\theta)}}\right]^2} \quad (A.0.1\text{-}2)$$

式中：φ——填土的内摩擦角（°）；

δ——填土与挡土墙背的摩擦角（°）；

θ——地震角（°），可按表 A.0.1 取值。

2　式（A. 0. 1-1）中系数 K_{ca} 可按下式计算：

$$K_{ca} = \frac{1 - \sin\varphi}{\cos\varphi} \tag{A. 0. 1-3}$$

表 A. 0. 1　地震角取值表

设计基本地震动峰值加速度		0. 10g（0. 15g）	0. 20g（0. 30g）	0. 40g
θ（°）	水上	1. 5	3. 0	6. 0
	水下	2. 5	5. 0	10. 0

A. 0. 2　地震被动土压力可按下式计算：

$$E_{ep} = \left[\frac{1}{2}\gamma H^2 + qH\frac{\cos\alpha}{\cos(\alpha - \beta)}\right]K_{psp} + 2cHK_{cp} \tag{A. 0. 2-1}$$

式中：K_{psp}——地震被动土压力系数；

$$K_{psp} = \frac{\cos^2(\varphi + \alpha - \theta)}{\cos\theta\cos^2\alpha\cos(\alpha - \delta + \theta)\left[1 + \sqrt{\frac{\sin(\varphi + \delta)\sin(\varphi + \beta - \theta)}{\cos(\delta + \theta - \alpha)\cos(\alpha - \theta)}}\right]^2} \tag{A. 0. 2-2}$$

K_{cp}——系数。

$$K_{cp} = \frac{\sin(\varphi - \theta) + \cos\theta}{\cos\theta\cos\varphi} \tag{A. 0. 2-3}$$

A. 0. 3　地震土压力作用点的位置，当 $q = 0$ 时，可取在距墙底 $H/3$ 处；当 $q \neq 0$ 时，H 应加上 q 折算的填土高度。

本规范用词用语说明

1 本规范执行严格程度的用词，采用下列写法：

1）表示很严格，非这样做不可的用词，正面词采用“必须”，反面词采用“严禁”；

2）表示严格，在正常情况下均应这样做的用词，正面词采用“应”，反面词采用“不应”或“不得”；

3）表示允许稍有选择，在条件许可时首先应这样做的用词，正面词采用“宜”，反面词采用“不宜”；

4）表示有选择，在一定条件下可以这样做的用词，采用“可”。

2 引用标准的用语采用下列写法：

1）在标准总则中表述与相关标准的关系时，采用“除应符合本规范的规定外，尚应符合国家和行业现行有关标准的规定”。

2）在标准条文及其他规定中，当引用的标准为国家标准和行业标准时，表述为“应符合《××××××》（×××）的有关规定”。

3）当引用本标准中的其他规定时，表述为“应符合本规范第×章的有关规定”、“应符合本规范第×.×节的有关规定”、“应符合本规范第×.×.×条的有关规定”或“应按本规范第×.×.×条的有关规定执行”。

附件

《公路工程抗震规范》

（JTG B02—2013）

条文说明

1 总则

1.0.1 2009 年 5 月 1 日起施行的《中华人民共和国防震减灾法》指出，防震减灾工作实行预防为主、防御与救助相结合的方针，对我国的防震减灾工作提出了明确的要求和相应的具体规定。

《公路工程抗震设计规范》（JTJ 004—89）颁布实施以来，对指导公路工程抗震设计，保证工程质量起到了重要的作用。随着我国公路建设的发展，以及近 10 年来国内外多次强震抗震救灾经验的积累，我国的工程技术人员在抗震设计理念、设计思想、设计方法和抗震构造措施上有了新的认识。

2008 年的汶川大地震，给公路工程构筑物造成了巨大的破坏。从外部看，一是次生地质灾害，包括滑坡和崩塌、震后的泥石流等引发或造成了大量公路工程构筑物的破坏，且随不同地貌、不同岩性条件下次生灾害的发育程度而有很大的不同；二是对于公路工程构筑物本身来说，基本经受了汶川大地震的考验，从整体上表明原规范所规定的设防标准基本符合我国国情，与我国的经济发展水平基本匹配；三是采取了一定防护或保护措施的公路工程构筑物，如挡土墙、不同形式的边坡防护措施（挂网、护面墙、骨架防护等）、桥梁挡块等，在汶川大地震中均实现了预计的功能性要求，对减轻地震灾害的影响以及抗震救灾都起到了应有的作用。同时，隧道结构在汶川地震中的整体表现良好，没有出现显著的震害。

1.0.2 本规范适用于桥梁、挡土墙、路基、隧道、涵洞等各等级公路工程构筑物。所有的公路工程构筑物都应考虑抗震防灾的要求。

1.0.3 目前，对地处地震动峰值加速度大于 0.40g 地区的震害调查工作开展得很少，缺乏相应的强震观察记录资料；同时，如何科学合理恰当地设计地震动峰值加速度大于 0.40g 地区的公路工程构筑物、强震作用下的抗震措施的工作机理等需要进一步地分析研究，本规范尚不具备条件对相关具体条文作出规定。

1.0.5 综合汶川地震的经验教训，生命线工程在抗震救灾中具有举足轻重的作用。因此，对于一个区域的公路路网，可以提前规划或认定其生命线工程，保证一旦发生类似地震这样的灾害，至少有一个可以使用的公路通道。规划时，要优先考虑建设条件相对较好、抗灾能力强、能够保障对外交通并具有较强的应变交通能力的通道作为生命线工程。

《国务院关于进一步加强防震减灾工作的意见》（国发〔2010〕18号）提出：城乡建筑、重大工程和基础设施能抗御相当于当地地震基本烈度的地震。严格落实公路、铁路、航空、水运等交通设施抗震设防标准，加快危险路段、桥梁整治改造，在地震重点监视防御区、人口稠密和经济发达地区适当提高设防标准。根据上述精神，本规范作出了相应规定。

公路路网的布局会随着各地区政治、经济的发展发生一定的变化，生命线工程的认定也可以随之予以适当调整。

3 基本规定

3.1 桥梁工程抗震设防标准

3.1.1 考虑到公路桥梁的重要性和其在抗震救灾中的作用，本着确保重点和节约投资的原则，根据桥梁的重要性和修复的难易程度，将桥梁抗震设防类别分为A、B、C、D四类。

3.1.2 本条规定参考了国外桥梁抗震设防的性能目标要求，同时考虑了《公路工程抗震设计规范》（JTJ 004—89）中桥梁抗震设防性能目标要求的延续性和一致性。实际上，是将“小震不坏、中震可修、大震不倒”的理念贯彻到具体的结构类型上，在此基础上，进行结构的抗震设计。

3.1.3 各类桥梁的抗震重要性修正系数 C_i 是在基于《中国地震动参数区划图》（GB 18306—2001）所给出的设防水准，即该地区未来50年内在平坦稳定的一般（中硬）场地条件下可能遭遇的具有10%超越概率，地震的重现期为475年的基础上，综合考虑桥梁所处地区的社会经济状况、地震危险性以及桥梁工程的结构重要性等因素进行了修正。其中，E1地震作用相当于第一级水准设防，E2地震作用相当于第二级水准设防。

本规范的抗震设防标准基本上维持原规范的水平，关键是引入了两阶段设计的概念。第一阶段的抗震设计，采用弹性抗震设计方法；第二阶段的抗震设计，采用延性抗震设计方法。通过第一阶段的抗震设计，即对应E1地震作用下的抗震设计，可达到与原规范基本相当的抗震设防水准；通过第二阶段的抗震设计，即对应E2地震作用的抗震设计，来保证结构具有足够的延性，确保结构的延性能力大于延性需求。

为便于实际应用，对于E1地震作用，可通过引入不同的抗震重要性修正系数来调整设计地震动参数，采用弹性设计是恰当的，并可以取消原规范的综合影响系数。本规范B、C、D类桥梁的抗震重要性修正系数分别取0.43（0.50）、0.34和0.23，对应的设计地震动的重现期大约分别为75（100）年、50年和25年，与原规范基本相当；A类桥梁，抗震重要性修正系数取1，设计地震动重现期为475年。

对于E2地震作用，B、C类桥梁的抗震重要性修正系数与原规范一致，对应的抗震重要性修正系数分别取1.7、1.3和1.0，设计地震动的重现期大约分别为2 000年、

1 000 年和475 年；A 类桥梁的抗震重要性修正系数，主要参考了近年来国内一些特大桥的设计标准，取用1.7，其设计地震动重现期大约为2 000 年。

3.1.4 抗震措施是在总结国内外桥梁震害经验的基础上提出来的。历次大地震的震害表明，抗震措施可以起到有效减轻震害的作用，而其耗费的工程代价往往较低。因此，本规范对抗震措施提出了更高和更细致的要求，对 A、B 类桥梁，抗震措施均按提高一档或更高的要求设计。

3.1.5 立体交叉的跨线结构工程一旦受到破坏，不仅会影响上线交通，还会影响到下线交通。因此，路线工程应按上、下两线中较高的线路的设防标准来进行抗震设计，亦即其重要性修正系数不应低于下线工程的重要性修正系数和构造措施水准。

3.2 其他公路工程构筑物抗震设防标准

3.2.1 本条规定了其他公路工程构筑物，包括路基、挡墙、隧道等的抗震设防标准。在保障人民生命财产的安全和公路工程设施基本完好的前提下，为更好地发挥公路交通运输在抗震救灾中的作用，允许各级公路工程构筑物在遭受强烈地震作用时有一定程度的损坏，并根据具体情况对修建于一般地段的各级公路工程构筑物和修建于抗震危险地段、不利地段上的各级公路工程构筑物，分别提出不同的允许损坏限度。

根据我国公路工程构筑物的震害资料，修建于工程地质条件较好地段的公路工程构筑物的震害较轻，路基仅有少量的塌方或小规模的沉陷，稍予清理或修补就能恢复通车。结构物以开裂为主，主要构件的承载能力不致降低，经过一般修整就能继续使用。虽然在一般地段也有破坏比较严重的例子，但也可以采取适当措施，以少量的抗震投资来减轻震害。

高速公路、一级公路以及二级公路，在政治、经济和国防上具有特别重要的意义，其交通量大、技术标准高，对抗震设防的要求也高，在遭遇到强烈地震时所允许的损坏程度要比其他等级公路低。

抗震危险地段在遭受强烈地震作用时可能会发生大规模地表错动、滑坡、崩塌等严重震害，对公路工程构筑物产生极大的破坏作用，例如汶川地震后发生多处大型的滑坡、崩塌等次生灾害，严重地破坏了公路工程构筑物，即使采取一定的抗震措施，也是难以抗御的。软弱黏性土层和液化土层，在强烈地震时承载能力将会大幅降低，并完全失效，将会引起河岸滑移，对公路工程构筑物的危害也很严重。在上述地段修建公路时，目前还缺乏行之有效的抗震措施，或者虽然有了技术措施，但由于投资等条件的限制，也难以普遍采用。

3.2.2～3.2.5 本规范从我国具体情况出发，考虑到公路工程构筑物的重要性、抗震救灾作用及震后修复的难易程度，本着确保重点和节约投资的原则，作出不同的抗震设防要求和规定。

（1）重要程度划分

本规范将公路工程构筑物的重要程度划分为5个档次：第一档次为高速公路和一级公路上的抗震重点工程。这类建筑物地震破坏后会引起严重后果，经济上造成重大损失，对社会和灾后重建也有特别重要的影响。第二档次为高速公路、一级公路的一般工程和二级公路的抗震重点工程。高速公路和一级公路具有重要的政治、经济和社会意义，其使用要求、技术标准和交通量都很高，对抗震设防要求也高。二级公路上的抗震重点工程在抗震救灾时具有与一级公路同等重要的意义。第三档次为二级公路上的一般工程和三级公路上的抗震重点工程，位于中间档次。二级公路是连接重要政治、经济中心或运输繁忙的城郊公路或高速公路与其他等级公路之间的联络线，不论在平时还是在地震时都具有比较重要的意义。三级公路上的抗震重点工程，一旦在地震作用下破坏，后果比较严重。第四档次为三级公路的一般工程和四级公路的抗震重点工程。相对于第三档而言其对抗震设防的要求低一些。四级公路是沟通县、乡、村直接为农业运输服务的支线公路，年平均昼夜交通量较小，一般工程可不进行抗震强度和稳定性验算，作为第五档。

（2）重要性修正系数

目前我国新颁布的地震区划图，以概率分析方法进行编图，给出地震基本烈度与地震动两类参数，可以概率定量给出设计中的地震作用，这对工程抗震设计是非常合适的。该区划图给出的基本烈度是该地区未来50年内一般场地条件下可能遭遇的具有10%超越概率的烈度值，即地震的重现期为475年。另外，我国工程结构的设计已进入以可靠性理论为基础的概率极限状态设计方法阶段，亦要求以作用与抗力两大部分的概率定量给出结构可靠性指标。

鉴于以上情况，本规范对重要程度不同的工程以概率统计为基础，针对地震区划图所给出的地震动参数，给出不同的重要性系数。

重要性修正系数的确定，原则上与原规范相同。其中，对桥梁结构外的三级公路上的一般工程和四级公路上抗震重点工程，其重要性修正系数由原0.6提高到0.8。该重要性修正系数的提高，对地震动峰值加速度小于或等于0.20g地区的路基、挡土墙等工程的造价提高很少，唯有对地震动峰值加速度大于或等于0.30g地区的工程造价会有所提高，但地震动峰值加速度大于或等于0.30g的地区，占我国总的国土面积的比例极小，且三级公路、四级公路技术标准稍低，高路堤、高挡土墙较少，因此对整个公路工程造价而言影响不大。

（3）抗震措施

抗震措施，是在总结国内外公路路基、挡土墙、隧道等构筑物震害经验的基础上提出来的，用较少的工程费用对上述薄弱环节予以局部加强，使整个构筑物的抗震能力得到提高。本规范规定了一系列的抗震措施，是保证结构在一定的塑性变形状态下仍不丧失稳定，使构筑物在高于设计地震动峰值加速度影响或在没有考虑到各种因素下具有一定的抗御地震的能力，并在一定范围内不致产生严重的后果。抗震构筑物的抗震措施是提高构筑物抗震能力的最有效的方法。

鉴于高速公路和一级公路在政治、经济、国防上具有特别重要的意义，有必要采取适当的抗震措施来提高结构的安全度。对于高速公路和一级公路上的抗震重点工程，台阶式路基和阶梯式挡土墙，其抗震措施可比工程抗震基本烈度提高一度采用。对于四级公路的一般工程则可不考虑或采取投资少及材料不多而效果好的简易抗震措施。

构筑物部分构件遭到震害，并不意味着整个构筑物在地震作用下强度和稳定性都不够，而是在薄弱环节上首先发生破坏，导致构筑物破坏。例如对于地震时挡土墙滑动、桥梁墩台施工缝处断裂等，在相应部位采取防止落梁的抗震措施等，就会提高这些构筑物的抗震能力，花较少的费用，就可以取得一定的抗震效果。

对重大的、修复困难的以及软土地基、液化地基上的构筑物，在抗震设计上要慎重。应通过抗震强度和稳定性验算，对构筑物作全面细致的分析和研究，以使公路全线各构筑物具有比较一致的抗震能力，使重点、薄弱环节得到必要的抗震保证。

3.3 地震作用

3.3.2 《中国地震动参数区划图》（GB 18306—2001）除给出《中国地震动峰值加速度区划图》和《中国地震动反应特征周期区划图》外，还给出了地震基本烈度与地震动峰值加速度的对照表。鉴于目前还无法详细分解抗震措施，为便于使用及考虑规范的连续性，仍在一定程度上沿用了烈度的概念，即对于地震作用采用《中国地震动峰值加速度区划图》上规定的地震动峰值加速度作设计或验算，对于抗震措施采用烈度概念。

地震的宏观现象表明，在高烈度区竖向地震的影响是十分明显的。1976 年唐山地震时，国家地震局工程力学研究所和河北省地震局在北京、天津、石家庄的观测台网所测得的地震记录表明，主震时地面竖向最大加速度 A_v 等于 0.68 ~ 0.74A_h。

近年来，国内外已测得 A_v 达到和超过 A_h 的记录，最突出的例子是 1976 年前苏联格兹里地震记录和 1979 年美国 Imperiar Valley 地震记录，A_h = 0.6 ~ 0.8g，A_v 分别为 1.35g 和 1.75g。因此，近年来各国研究者对竖向地震反应日益重视。部分国家对竖向地震加速度峰值 A_v 的规定见表 3-1。

表 3-1 部分国家对竖向地震加速度峰值 A_v 的规定

国　别	是否计竖向地震力	竖向地震加速度峰值
美国 1980 年公路桥规范	—	0.65 A_h
前苏联 1981 年规范（СНиП Ⅱ-7-81）	计	0.5A_h
日本 1980 年公路桥规范	除支座外其他不计	—
日本 1980 年铁路规范	计	0.5A_h
中国铁路抗震设计规范（GBJ 111—87）	计	0.5A_h
中国建筑抗震设计规范（GB 50011—2001）	计	0.5 ~ 0.65A_h

根据国内研究，在更大的范围内进行统计时，A_{v} 一般平均为$\left(\frac{1}{2}\sim\frac{2}{3}\right)A_{h}$，本规范也采用上述统计值。

3.4 作用效应组合

3.4.2 地震作用的重现期为475年，洪水重现期为25~100年不等，二者同时发生几率相当小，因此，规定季节性河流上的公路工程构筑物，可不考虑水流影响，常年有水的河流或水库区的构筑物，可按常水位计算水的浮力。

3.6 抗震措施

3.6.1 在地震区进行路线设计、桥位和隧址选择时，应充分估计未来地震对公路工程构筑物的可能影响。

汶川地震发生在青藏高原与四川盆地的结合部，山体陡峻、沟壑纵横。由于地震影响，坡度陡峻的山区路段（映秀至汶川、映秀至耿达及茂县、汶川、北川南坝等路段）、地表沉积层较厚的地区、河岸等地形条件和地质条件复杂的地区（都江堰等），地震震动使表土松垮和崩裂，引起山崩、滑坡及泥石流，造成公路坡面崩塌，使公路、桥梁、隧道等构筑物被掩埋、冲毁和损坏。

鉴于我国公路等级的不断提高和建设里程的增加，尤其是现今我国实施西部大开发战略，位于山岭重丘区的高速公路建设突飞猛进，为了估计和考虑未来地震对公路工程构筑物的可能影响，首先要做好以下两方面的工作：

（1）向有关地震、地质部门搜集公路沿线地区的地震活动、区域性地质构造等资料，了解清楚沿线地区的地震活动趋势及其地质构造背景，对未来地震对于区域公路工程构筑物的可能影响有一个总体的了解。

（2）《中国地震动参数区划图》（GB 18306—2001）规定的是某一地区重现期为475年的地震动峰值加速度设计值，它反映了一个地区内各处地面受到地震影响的程度的平均趋势，但不会直接反映对路线设计、桥位和隧址选择有重要影响的局部场地条件的差异。因此，应当加强工程地质、水文地质和历史震害情况的现场调查和勘察工作，从场地条件和历史震害所反映的场地影响两个方面来估计和考虑未来地震对各个具体路段和具体工程的可能影响。

本规范对于场地影响问题，除了针对不同的场地条件采取相应的抗震措施和抗震验算中采用不同的计算参数或方法以外，主要是通过在布设路线和选定桥位、隧址时采用避重就轻的方法来解决的。所谓“避重就轻”的方法，有以下三点具体内容：

（1）本规范把场地条件粗略地归纳为对公路工程抗震有利、不利和危险三类。在布设路线和选择桥位、隧址时应当尽量避开地震危险的地段，充分利用对抗震有利的地段。

（2）就是在同一类的地段中，由于具体场地条件的复杂性，地震对公路工程构筑物的影响也不会完全一致，其中也存在着相对较重和相对较轻的小段落，在布设路线和选择桥位、隧址时，也应当结合具体情况对这些因素作适当的比较和考虑。

（3）地震对公路工程构筑物的影响，还与工程本身的抗震性能有关。路线布设、桥位和隧址选择常常与方案比较紧密结合在一起，因此，布设路线和选定桥位、隧址时，还应当结合方案比较，尽量少采用对抗震不利的设计方案，多采用对抗震有利的设计方案。

3.6.2 在发震断裂带及其邻近的一个狭长地段内，地震烈度有明显增高趋势。为了尽量缩短通过高烈度区的路线长度，路线应尽量避免与发震断裂带平行布设，宜选择破碎带较窄的部位穿过发震断裂带。此外，根据1970年通海地震、1973年炉霍地震等发震断裂带比较明显的地震资料，发震断裂带两盘的烈度衰减规律明显不同，一般下盘衰减较快，说明下盘的影响相对较轻。因此，当路线必须平行于发震断裂带时，宜将路线布设在下盘上，以尽量减轻强烈地震对公路工程构筑物的影响程度。

3.6.3 高速公路和一级公路在抗震救灾中发挥着重要的作用，一旦由于地震而中断交通会给国家和震区人民造成重大损失，因此，对高速公路和一级公路，路线应尽量避开地震动峰值大于或等于0.20g地区的发震断裂带。当难以避开时，抗震设计应考虑震后修复预案，如：对于桥梁而言，有意识地在大跨径桥梁中增加一个小跨径桥梁，并仔细设计伸缩缝，一旦震坏也可尽快修复；对于其他构筑物如挡土墙有意识地设计沉降缝和伸缩缝，一旦震坏修复方便。

3.6.4~3.6.5 强烈地震时，如果在桥位附近发生滑坡、崩塌，即使其规模较小，往往也足以使桥梁遭到比较严重的破坏。分析汶川地震中桥梁结构受损情况，大多数破坏是由山体滑坡、崩塌、泥石流、堰塞湖等间接原因引起的。暗河、溶洞和已经采空的矿穴，在强烈地震时也容易塌陷，从而使相应地面上的公路工程构筑物遭到比较严重的破坏。当河床的基岩具有倾向河槽、倾角较大的构造软弱面，而且又被流水切割成深切河槽时，由于基岩在河槽方向失去支撑，在强烈地震时容易顺构造软弱面向河心滑动，从而使修建在这种地段的桥梁及其桥头引道遭到严重的破坏。因此，在布设路线和选择桥位时，宜绕避上述地段。

在工程地质条件不良的峡谷地段，强烈地震引起滑坡崩塌，从而堵塞河流，形成湖泊的例子不少。1974年昭通地震时，抗震设防烈度9度区的手扒岩山崩、8度区的海口大滑坡、7度区的蒿芝坝大滑坡等，都造成了堵河成湖。汶川地震时，震区形成堰塞湖34处，其中唐家山堰塞湖是体量最大的一处，滑坡体坝高82~124m。因此，在工程地质条件不良的峡谷地段布设路线和选择桥位时，应将工程地质勘察工作的范围扩大到上、下游的一定范围，查明有无在强烈地震时因发生滑坡、崩塌而造成堵河成湖的可能性，并估计其淹没和堵塞体溃决的影响范围，以便合理地确定路线的高程和选定桥位。

河谷两岸发生较小规模的滑坡、崩塌，虽然不致造成堵河成湖，但有可能改变河流的流向。汶川地震中，由于地震造成山体崩塌，崩塌物压缩河道，造成河水冲刷路基，造成公路路基路面整体水毁。如果这种现象发生在桥位上游的邻近地段或对岸修建有沿河路基，就可能由于水流的冲淘作用而影响岸坡、桥梁墩台和路基的安全。因此，当存在着这种可能性时，应采取相应的防护措施，以避免或减轻这种影响。

较厚的松散的山坡堆积层，对抗震不利，尤其在雨季，由于坡面水下渗而积蓄在岩石下面，受震后容易产生沿岩面滑动的大型滑坡。例如1974年昭通地震，蒿芝坝大滑坡严重地阻塞了交通。汶川地震中，S303耿达至映秀段（约22km）、G213映秀至草坡段（约20km）路基几乎全部被坍塌的山体滑坡掩埋，S302茂县至北川段多处被滑坡引起的堰塞湖淹没。

在地质和地形两个不利因素的综合作用下，震害往往加重。例如1970年通海地震，蓟家河坎大型滑坡，使村庄滑移了大约100m，就是由于山区沟谷口是洪积扇地形，洪积底部为饱和粉、砂和黏土，受震后，饱和的粉、细砂层液化，引起顺坡向下滑的结果。

3.6.11 本条规定引自《建筑抗震设计规范》（GB 50011—2001）的有关规定。对构筑物范围内发震断裂的工程影响进行评价，是地震安全性评价的内容，其可以结合场地工程地震勘察的评价，按本条规定采取措施。在此处，发震断裂的工程影响主要是指断裂引起的地表破裂对工程结构的影响，对这种瞬间产生的地表错动还没有经济、有效的工程构造措施，主要靠避让来减轻危险性。国外有报道称，某些具有坚固基础的建筑物曾成功地抵抗住或转移了数英寸的地表破裂，结构物未发生破坏（Youd，1989），指出优质配筋的筏式基础和内部拉接坚固的基础效果最好，可供设计者参考。

（1）实际发震断裂引起的地表破裂与地震烈度没有直接的关系，而是与地震的震级有一定的相关性。

（2）在活动断层调查中取得断层物质（断层泥、糜棱岩）及上覆沉积物样本，可以根据已有的一些方法（^{14}C、热释光等）测试断层最新活动年代。显然，活动断层和发震断裂，尤其是发生6级以上地震的断裂，并不完全一样，从中鉴别需要专门的工作。根据我国的资料和研究成果，排除了全新世以前活动断裂上发生6级以上地震的可能性，对于一般的公路工程在大体上是可行的。

（3）覆盖土层的变形可以“吸收”部分下伏基岩的错动量，是指土层地表的错动会小于下伏基岩顶面错动的事实。显然，这种“吸收”的程度与土层的工程性质和厚度有关。各场地土层的结构和土质条件往往会不同，有的差别很大，目前标准中不能一一规定，只能就平均情况，大体上规定一个厚度。数值60m和90m，是根据最近一次大型离心机模拟试验的结果归纳的，也得到一些数值计算结果的支持。

4 地基和基础

4.2 天然地基抗震承载力

4.2.1 ~ 4.2.2 由于地震作用属于偶然的瞬时荷载，地基土在短暂的瞬时荷载作用下，可以取较高的容许承载力。世界上大多数国家的抗震规范，在验算地基的抗震强度时，对于抗震容许承载力的取值，大都采用在静力设计容许承载力的基础上乘以调整系数来提高。本条在原规范基础上，参照《建筑抗震设计规范》（GB 50011—2001）的有关规定，对地基土的划分作了少量修订。

4.3 液化地基

4.3.2 ~ 4.3.3 《岩土工程勘察规范》（GB 50021—2009）规定，地震液化的判别应在地面以下15m范围内进行，对于桩基和基础埋置深度大于5m的天然地基，判别深度应加深至20m。

《岩土工程勘察规范》（GB 50021—2009）规定，土按颗粒级配分为：碎石土、砂土、粉土和黏性土，因而将原规范中亚砂土改为粉土。

土层液化判定方法仍然沿用《公路工程抗震设计规范》（JTJ 004—89）。

4.3.4 本条提供了一个简化的预估液化危害的方法，可对场地的喷水冒沙程度、一般浅基础工程结构物的可能损坏，作粗略的预估，以便为采取工程措施提供依据。

液化分为轻微、中等、严重三级。各级的液化指数、地面喷水冒沙情况以及对结构物危害程度的描述见表4-1，系根据我国百余个液化震害资料得出。

表4-1 液化等级对结构物的相应危害程度

液化等级	液化指数（15m）	地面喷水冒沙情况	对结构物的危害情况
轻微	<5	地面无喷水冒沙，或仅在洼地、河边有零星的喷水冒沙点	危害性小，一般不致引起明显的震害
中等	5 ~ 15	喷水冒沙可能性大，从轻微到严重都有，多属中级	危害性较大，可造成不均匀沉陷和开裂，有时不均匀沉陷可能达到200mm
严重	>15	一般喷水冒沙都很严重，或仅在洼地，地面变形很明显	危害性大，不均匀沉陷可能大于200mm，高重心结构物可能产生不容许的倾斜

4.3.5～4.3.8 在液化层较厚的情况下，消除部分液化沉陷的措施，即处理深度不一定达到液化下界而残留部分未经处理的液化层，是比较恰当的处理方法。

（1）公路路基

由于公路路基相对于桥梁和大型挡土墙而言易于修复，根据本规范的设防原则，位于抗震不利地段的路基经短期抢修即可恢复使用。也就是说，液化地基上的公路路基允许在发生设防烈度的地震时有轻微损坏。不是凡有液化土层的路基均要采取抗液化措施，应区别不同情况分别对待。除上述不同地质情况外，还与震后修复及抢修难易程度、路线等级、重要性有关。如大桥和特大桥的桥头引道与大面积液化地基上的路堤相比，无论从修复难易程度，还是从整条路线的抗震救灾、维护交通畅通而言，都更为重要。

（2）挡土墙

国内外多次地震震害证明，位于液化和软土地基上的挡土墙，一般震害较重，如1976年唐山地震时，位于液化地基上的挡土墙地基砂土发生液化、喷水冒沙现象，使地基沉陷变形，导致挡土墙开裂，部分墙体倒塌，为此对挡土墙的抗震要求及抗液化措施要求比路基高。

（3）隧道

对于隧道的洞身而言，洞身很少设置在液化地基上。鉴于隧道的重要性，本规范对于隧道的洞门墙及洞口挡土墙的地基抗液化措施要求较高。

4.3.9 本条规定了有可能发生液化侧向扩展或流动时滑动土体的最危险范围并要求采取土体抗滑和结构抗裂措施。

（1）液化侧向扩展地段的宽度数据来自海城地震、唐山地震及日本阪神地震对液化侧扩区的大量调查。根据对阪神地震的调查，在距水线50m范围内，水平位移及竖向位移均很大；在50～150m范围内，水平地面位移仍较显著；大于150m以后水平位移趋于减小，基本不构成震害。上述调查结果与我国海城、唐山地震后的调查结果基本一致：海河故道、滦运河、新滦河、陡河岸坡滑坍范围距水线100～150m，辽河、黄河等则可达500m。

（2）侧向流动土体对结构的侧向推力，根据阪神地震后对受害结构的反算结果得到：

①非液化上覆土层施加于结构的侧压相当于被动土压力，破坏土楔的运动方向是土楔向上滑而楔后土体向下，与被动土压力发生时的运动方向一致；

②液化层中的侧压相当于竖向总压的1/3；

③桩基承受侧压的面积相当于垂直于流动方向的桩排的宽度。

5 桥梁

5.1 一般规定

5.1.3 本条对地震作用的分量选取和分量组合作出了规定。

（1）如桥位在发震断裂附近，竖向地震作用可能较大，或结构对竖向地震作用很敏感时，应考虑竖向地震作用。汶川地震中断裂带南段从映秀至汉旺，主要是以逆冲为主兼具右旋左滑分量，导致该段控制区域内的桥梁破坏极为严重，百花大桥、映秀镇顺河桥、小鱼洞大桥等因同时受到巨大的竖向和水平向地震作用，出现了由结构构件强度失效破坏而导致的结构垮塌。

（2）采用反应谱法同时考虑水平向 X、Y 与竖向 Z 的地震作用时，可分别计算水平向 X、Y 与竖向 Z 地震作用在计算方向上的响应，计算方向上总的地震作用效应应按本条规定进行组合。

5.2 设计加速度反应谱

5.2.4 本条规定直接引自《建筑抗震设计规范》（GB 50011—2001）的有关规定。

5.3 设计地震动时程

5.3.2 本条规定主要参考《工程场地地震安全性评价》（GB 17741—2005）的有关规定，鉴于其中有些条文比较概括，也参考了该规范的前两个版本的具体规定。

5.4 抗震设计

5.4.2 一般情况下，桥台为重力式桥台，其质量和刚度都非常大，因此可采用静力法计算。

5.4.3 1971 年美国圣弗尔南多（San Fernando）地震爆发以后，各国都认识到结构的延性能力对结构抗震性能的重要意义；在 1994 年美国北岭（Northridge）地震和 1995 年日本神户（Kobe）地震爆发后，强调结构总体延性能力已成为一种共识。为保证结构的延性，同时最大限度地避免地震破坏的随机性，新西兰学者 Park 等在

20世纪70年代中期提出了结构抗震设计理论中的一个重要原则——能力保护设计原则（Philosophy of Capacity Design），并最早在新西兰混凝土设计规范（NZS3101，1982）中得到应用。以后这个原则先后被美国、欧洲和日本等的桥梁抗震规范所采用。

能力保护设计原则的基本思想在于：通过设计，使结构体系中的延性构件和能力保护构件形成强度等级差异，确保结构构件不发生脆性的破坏模式。基于能力保护设计原则的结构抗震设计过程，一般都具有以下特征：

（1）选择合理的结构布局。

（2）选择地震中预期出现的弯曲塑性铰的合理位置，保证结构能形成一个适当的塑性耗能机制；通过强度和延性设计，确保潜在塑性铰区域截面的延性能力。

（3）确立适当的强度等级，确保预期出现弯曲塑性铰的构件不发生脆性破坏模式（如剪切破坏、黏结破坏等），并确保脆性构件和不宜用于耗能的构件（能力保护构件）处于弹性反应范围。

具体到梁桥，按能力保护设计原则，应考虑以下几方面：

（1）塑性铰的位置一般选择出现在墩柱上，墩柱作为延性构件设计，可以发生弹塑性变形，耗散地震能量。

（2）墩柱的设计剪力值按能力设计方法计算，应采用墩柱的极限弯矩（考虑超强系数）所对应的剪力。在计算设计剪力值时应考虑所有潜在塑性铰位置，以确定最大的设计剪力。

（3）盖梁、结点及基础按能力保护构件设计，其设计弯矩、设计剪力和设计轴力应为与墩柱的极限弯矩（考虑超强系数）所对应的弯矩、剪力和轴力；在计算盖梁、结点和基础的设计弯矩、设计剪力和设计轴力值时，应考虑所有潜在塑性铰位置，以确定最大的设计弯矩、剪力和轴力。

5.4.4 在桥梁抗震设计中，引入减隔震技术的目的就是利用减隔震装置在满足正常使用功能要求的前提下，延长结构周期、消耗地震能量、降低结构响应。因此，对于桥梁的隔震设计，最重要的因素就是设计合理、可靠的减隔震装置并使其在结构抗震中充分发挥作用，即桥梁结构的大部分耗能、塑性变形集中于这些装置，允许这些装置在大地震作用下发生大的塑性变形和存在一定的残余位移，而结构其他构件的响应基本为弹性或有限塑性。但是，减隔震装置并不是在任何情况下均适用。对于基础土层不稳定、易于发生液化的场地，下部结构刚度小、桥梁结构本身的基本振动周期比较长，位于场地特征周期比较长、延长周期可能引起地基与桥梁结构共振以及支座中出现较大负反力等情况，一般不采用减隔震装置。现有研究表明，在场地条件比较稳定的情况下，适合使用减隔震装置。

减隔震装置是通过延长结构的基本周期，避开地震能量集中的范围，从而降低结构的地震力。但延长结构周期的同时，必然使得结构比较柔，从而可能导致结构在正常使用荷载作用下发生有害振动，因此要求结构具有一定的刚度和屈服强度，保证在正常使用荷载下（如风、制动力等）结构不发生有害屈服和振动。

同时，应用减隔震装置的结构的变形会增加一些。为了确保结构在地震作用下的预期性能，在相邻上部结构之间设置足够的间隙，对伸缩装置、相邻梁间限位装置、防落梁装置等进行合理的设计，并对施工质量予以明确规定。

采用减隔震装置的桥梁，在地震作用下宜以减隔震装置抗震为主，非弹性变形和耗能宜主要集中于这些装置，而其他构件（如桥墩等）的抗震为辅。为了使大部分变形集中于减隔震装置，应使减隔震装置的水平刚度远低于桥墩、桥台、基础等的刚度。因此本规范规定采用隔震设计的桥梁，其隔震周期宜为非隔震周期的 2 倍以上。

5.6 抗震措施

5.6.1～5.6.11 由于工程场地可能遭受的地震的不确定性，以及人们对桥梁结构地震破坏机理的认识尚不完备，因此桥梁抗震实际上还不能完全依靠定量的计算方法。一些从震害经验中总结出来或经过基本力学概念启示得到的一些抗震措施被证明可以有效地减轻桥梁的震害。但抗震措施的使用不能与定量的分析结果相矛盾。简单地说，定量的设计计算是桥梁抗震的最基本部分，抗震措施的使用不能导致上述设计结果的失效。

横向钢筋在桥墩柱中的功能主要有以下三个方面：

（1）用于约束塑性铰区域内混凝土，提高混凝土的抗压强度和延性；

（2）提供抗剪能力；

（3）防止纵向钢筋压曲。在处理横向钢筋的细部构造时需要特别注意。

汶川地震中的百花大桥由于其桥墩底部塑性铰区域内所配箍筋偏少，远不能保证足够的约束能力，使得桥墩塑性铰区域抗剪能力不足，加剧了桥梁结构的破坏。

梁式桥中最为严重的破坏就是落梁。落梁破坏势必会造成严重的交通中断，震后修复也比较困难，要采取适当的措施予以防止。一般来讲，防落梁装置系统包括三部分：梁的搁置长度、限位装置和连梁装置。汶川地震中的庙子坪大桥、百花大桥、高树大桥等均是由于地震作用下所引起的伸缩缝处梁墩相对位移大于梁的搁置长度，且没有相关的限位装置及连梁装置，从而造成梁体的落梁破坏。

高原大桥在汶川地震中，其高原村一侧桥台胸墙撞碎并被顶入路基 50cm 以上，路面隆起，桥台翼墙倒塌。高原大桥破坏的主要原因是桥台，特别是胸墙薄弱导致主梁纵向位移失控。因此规定要适当加强桥台胸墙的强度，并在胸墙与梁端之间填充缓冲材料，以缓和梁对胸墙的冲撞。

对连续梁和桥面连续的简支梁（板）桥，要采取防止横向落梁的措施。汶川地震中，虽然设置的横向抗震挡块在地震作用下损毁的较多，但是在防止桥梁横向落梁方面起到了积极的作用。

使用横向和纵向限位装置可以实现桥梁结构的内力反应和位移反应之间的协调。一般来讲，限位装置的间隙小，内力反应增大，而位移反应减小；相反，若限位装置的间隙大，则内力反应减小，但位移反应增大。横向和纵向限位装置的使用宜使内力反应和位移反应二者之间达到某种平衡；另外，桥轴方向的限位装置移动能力宜与支承部分的相适应。限位装置的设置不应有碍于防落梁构造功能的发挥。

设置限位装置的目的之一是保证在中小地震作用下不因位移过大导致伸缩缝等连接部件发生损坏。

6 隧道

6.1 一般规定

6.1.1～6.1.2 在地震区选择隧道位置，尤其是洞口位置，对行车安全、维修养护工作都十分重要，避开对抗震不利的地形、地质地段，并采取必要的抗震措施，以减少对隧道建筑物的破坏。由于地震的破坏性自地表深入地下而迅速减弱，故一般对深埋隧道影响较小，对浅埋隧道、偏压隧道、明洞及洞门等的影响较大。尤其是在岩堆、滑坡体、泥石流沟、崩塌、围岩落石等不良地质及排水困难的沟谷低洼处或不稳定的悬崖陡壁下等地质不良地段，在强烈的地震影响下，会导致山体变形。因此，隧道位置的选择不仅受地质条件的影响而且还要受地形条件的影响。隧道根据地形条件又可分为河谷线隧道和越岭线隧道。

河谷线隧道往往沿河傍山而行，如隧道位置太靠外，造成隧道傍山浅埋、洞顶覆土过薄，极易造成山体变形，引起偏压，危及隧道安全；若隧道位置太靠里，则隧道加长，造成浪费。因此，河谷隧道的位置，要根据地形、地质及隧道外侧的覆盖土层厚度，合理选择。

越岭隧道按其高程位置不同，可分为高位置隧道（即山顶隧道）和低位置隧道（即山麓隧道）两种。当隧道位置较低时，隧道长度大，工期亦较长，但展线短，线路爬坡高度小，运营条件好，也有利于抗震。当隧道位置较高时，路线爬坡高度大，运营条件差，虽然隧道长度缩短，但给洞口建筑带来许多困难，往往后患不少，对抗震不利。

隧道洞口建筑要考虑以下几点：

（1）洞口尽可能设在山体稳定、地质较好之处，不设在不稳定的悬崖陡壁之下或地质不良地段。当不能避开时，采取有效措施，确保洞口安全。

（2）洞口遇有不稳定的地层（如松散的堆积层、风化严重的破碎岩石层等），或洞口位于可能产生落石掉块之陡崖下时，为保证运营安全，可考虑提前进洞或接长明洞来确保洞口的稳定性。

6.2 强度和稳定性验算

6.2.1 公路隧道抗震验算，主要是根据宏观震害调查和隧道工程类别，参照公路等级和设计经验区别确定。

本条规定主要借鉴铁路隧道震害资料和公路隧道的设计特点，并考虑抗震设防烈度7度地震时对隧道影响不大，而重点放在大于7度地震区的隧道验算。如：在1970年元月云南通海地区发生了7.8级地震后，在抗震设防烈度7度地震区调查了19座铁路隧道。这些隧道建于1927年前后，埋深7～15.5m，有的通过坡积层和洪积层，有的通过较坚硬完整的石灰岩，多数隧道内无渗水，只有个别隧道漏水较严重。其中，蒙宝线10号隧道为一座长28m的对称式明洞，洞身用石料砌筑，洞顶覆土厚度不等，最厚处约3m，洞门形式有端墙式和翼墙式，震后建筑物基本完好。

调查资料表明，地震对地下结构的破坏，随隧道埋深的增加而减轻。深埋隧道衬砌，其震害主要发生在洞口、浅埋和偏压地段。又如1933年日本东京大地震，震级为8.3级，震中烈度10度，震中区遭受破坏的24座隧道中，有14座只是洞口遭受破坏。云南1970年通海大地震，震级为7.8级，震中烈度为10度，位于震中的大兴沟和树兴沟过水隧道，洞身无损害，而洞口发生了坍塌。上述情况说明，对单车道公路隧道的抗震验算，重点放在地震烈度较高、地质条件较差的洞口、浅埋和偏压地段，按规范表6.2.1规定的范围进行抗震验算。对于7度地震区的双车道隧道，围岩为Ⅳ、Ⅴ级者，考虑到隧道跨径大、净空高的特点，为安全计，需要进行抗震验算。

隧道洞门墙、洞口挡土墙与路堤挡土墙，都属于结构支挡建筑物，与一般非地震区受力状态和计算方法基本一致。

6.2.2 对隧道地震作用力的计算，目前根据隧道特点大体上可分为动力法和静力法两种。静力法计算简便，易于掌握对比，公路隧道的抗震计算结果与一般宏观震害调查情况也较接近，且其抗震加强措施与非震区隧道衬砌比较亦基本一致。目前对隧道围岩压力计算理论，尚待进一步探索。因此，在抗震计算中，采用精确的计算方法，实际意义不大，故仍采用以往沿用的静力法。

6.2.3 隧道地基的抗震容许承载力，按本规范第4.2.2条式（4.2.2）进行验算，并乘以地基抗震容许承载力调整系数（查规范表4.2.2）。规范表4.2.2内的系数是根据各类土的密实程度，并考虑到由于地震荷载引起的附加荷载与经常承受的荷载相比，地震荷载占的比例较大，且往往超过了容许承载力安全储备，而使基础产生附加沉降和不均匀沉降；同时，由于附加荷载过大，致使基础发生剪切失稳破坏。因此，考虑到地震荷载属于特殊荷载，作用时间短暂，地基的容许承载力可予以提高。

6.3 抗震措施

6.3.1 地震区的隧道洞口、路堑边坡和仰坡的开挖高度，在岩层整体性较差、土质不良地段，由于长期风化剥蚀作用，在地震过程中极易产生坍塌落石，堵塞洞口，危及行车安全。故要求严格控制洞口开挖高度，并在地形不利的洞口地段设置明洞或采取其他有效防护措施，以保证安全。

6.3.3 地震区隧道的洞口，浅埋或偏压地段，是抗震设防重点，要与围岩级别结合考虑加强其衬砌构造。

隧道加强段的长度，主要根据隧道拱肩土的最小覆盖厚度及洞口地面纵坡（1∶1.5 ~ 1∶1.25）的变化情况，并结合隧道断面宽度及围岩级别等计算其抗震设防段的长度。在实际工作中，隧道处的地形、地质条件变化十分复杂，还要根据施工具体情况，适当留有余地，取其设防长度。

实践证明，隧道采用曲墙带仰拱现浇混凝土衬砌，抗震能力较强。如采用直墙式断面，则一般不能满足抗震要求。

6.3.4 根据国内发生的数次震害调查，采用现浇混凝土或钢筋混凝土，可提高结构的整体性和抗震能力。从浅埋隧道理论分析，在Ⅴ级围岩中的隧道，即使提高混凝土强度等级，有关指标也难以符合抗震要求，采用钢筋混凝土结构才能达到要求。而在Ⅳ级及以上围岩中的隧道，一般采用混凝土衬砌已能抵御地震力的破坏。条文中表6.3.4对隧道衬砌和明洞建筑材料的规定，是根据结构自身的特点，在满足受力要求的前提下，考虑经济适用的原则确定的。

6.3.5 结构的整体性对抗震能力有很重要的影响，因此，洞门端墙与衬砌环框之间、端墙与挡墙或翼墙施工缝处，以及明洞等具有悬臂形式的耳墙结构等抗震薄弱环节，要求采取加强连接措施。由于结构的形式、部位及所用建筑材料不同，具体措施可在施工图中作出明确规定。

6.3.6 棚式明洞的简支顶梁与侧墙（或纵梁）的联结处，是结构的薄弱环节，在地震力作用下，有可能产生落梁震害，中断交通。为了提高棚洞的抗震能力，要求加设防震钢筋、防震板或阻挡结构等抗震措施。

悬臂式棚洞抗震性能较差，在7度地震区可以采用，而在8度、9度地震区不采用，因一旦发生震害，抢修工作比较困难。

6.3.7 根据以往实践经验，隧道压浆能加固地层，并使衬砌与围岩密贴，改善相互间接触条件及受震时的振动状态，提高其抗震能力。因此，规定地震区的浅埋、偏压隧道，以及通过断层破碎带、流沙等不良地质地段的隧道，要求压入水泥砂浆加固。

6.3.8 隧道边缘至主断裂带边缘的距离分别规定为300m和500m，主要的依据是国内外地震断裂破裂宽度的资料，取值有一定的保守程度。在受各种客观条件限制，难以避开数百米时，美国加利福尼亚州的相关规定（加利福尼亚州管理规范 Title 14，见3603A）为：一般而言，场地的避让距离应由负责场地勘察的岩土工程师与主管建筑和规划的专业人员协商确定。在有足够的地质资料可以精确地确定存在活断层迹线的地区，且该地区并不复杂时，避让距离可规定为 16m（50ft）；在复杂的断层带宜要求较大的避让距离。倾滑的断层，通常会在较宽且不规则的断层带内产生多处破裂，在上盘边缘受到的影响大、下盘边缘的扰动很小，避让距离在下盘边缘可稍小，上盘边缘则应较大。某些断层带可包含如挤压脊和凹陷之类的巨大变形，不能揭露清晰的断层面或剪切破碎带，应由有资质的工程师和地质师专门研究，如能保证建筑基础能抗御可能的地面变形，可修建不重要的结构。

7 挡土墙

7.1 一般规定

7.1.1 加筋土挡土墙是填土、拉筋、面板三者的结合体，在这个结构整体中起控制作用的是土体与拉筋间的摩擦力（摩擦系数），一旦由于外界因素使土体与拉筋间的摩擦力（摩擦系数）发生改变，填土、拉筋、面板三者的平衡体将变为不平衡体，加筋土挡土墙即破坏。在地震时，特别是在高烈度区，在竖向和水平地震动加速度影响下，土体与拉筋由静力状态变为动力（振动）状态，土体与拉筋间的摩擦力（摩擦系数）随振动影响而相应改变，一旦摩擦力减小（如竖向地震作用），三者即会失去平衡而造成破坏。为此，在未做重点研究的前提下，在地震动峰值加速度大于或等于0.20g 的地区，不宜采用加筋土挡土墙。

7.2 强度和稳定性验算

7.2.1 本条对挡土墙验算作了规定，包括抗震强度和稳定性验算两部分。强度验算采用分项安全系数的极限状态法。稳定性验算又包括抗滑移稳定性和抗倾覆稳定性验算两项内容，前者指在地震作用下挡土墙是否会沿基底面产生整体滑动，后者指挡土墙是否会向一侧倾倒（横剖面上绕基底某一点转动）。

7.2.2 本条规定挡土墙强度和稳定性验算可采用静力法，是鉴于地震作用下挡土墙与填土、地基间的动力相互作用相当复杂，目前还没有一个公认成熟的动力计算方法这样一个实际状况。静力法具有简单、方便的优点，也是国内外抗震设计规范中均采用的方法。

对于抗震设防烈度为7度及以上地区的高速、一级公路上的挡土墙，其高度超过20m，且地基处于抗震危险地段的，应结合岩土稳定性评价对挡土墙进行动力分析，综合判断其抗震安全性。“应结合岩土稳定性评价”，是指要考虑挡土墙没有发生相对地基的滑移或倾覆，却随更大范围的土体产生明显运动失去稳定性的问题。震害经验表明，在有地基土层液化的情况下，常有可能导致这种破坏。抗震验算中，还要考虑沿液化土层产生滑移、因液化土层沉降挡土墙产生倾覆的危险性。由于动力分析不一定能完全描述地震作用下的真实过程，才强调了需要“综合判断”。

7.2.3 本条规定的水平地震作用沿墙高的分布系数 ψ_i 是此次规范修编的一个专题研究结果。原规范中分布系数 ψ_i 是基于国内外挡土墙和土坝的震害经验和少量试验确定的。试验依据主要是1980年四川省建筑科学研究所完成的模拟地震作用试验，结构为重力式挡土墙，墙高6m，结果见表7-1。

表7-1 重力式挡土墙模拟地震作用试验结果

试验组	测量加速度部位	第一次		第二次		第三次		第四次	
		加速度（g）	墙顶与台面比	加速度（g）	墙顶与台面比	加速度（g）	墙顶与台面比	加速度（g）	墙顶与台面比
一组	台面	0.162	1.65	0.156	1.52	—	—	—	—
	墙顶	0.260		0.239		—		—	
二组	台面	0.152	1.93	0.242	1.69	0.250	1.75	0.323	1.46
	墙顶	0.293		0.410		0.437		0.473	
三组	台面	0.152	1.78	0.242	1.61	0.264	1.65	0.359	1.37
	墙顶	0.271		0.389		0.436		0.493	

鉴于当时挡土墙动力特性试验研究甚少，又缺乏强震观测资料，以高度12m为界限将挡土墙分为高墙和低墙，低墙不考虑沿高度的放大，高墙的水平地震荷载沿墙高的分布系数从墙趾至墙顶线性增加，自1.0增至2.0。从表7-1中的数值可见，实际上6m高的挡土墙已经有1.4～1.9倍的放大了。

此次修编中，为了解各种高度挡土墙的水平地震作用沿墙高的分布系数，决定设一个专题，通过数值模拟揭示和验证。采用波动有限元结合多次透射人工边界条件，计算了6个不同高度（7、9、12、15、20、25m）挡土墙—填土—地基体系在18条地震波（分别对应地震烈度6、7、8、9度）输入下的地震反应，用等效线性化方法描述土体的非线性。计算结果显示，挡土墙地震反应加速度峰值沿高度分布比较复杂，归纳出总的变化趋势是：从挡土墙底部开始，加速度峰值并不马上随高度的增加而增大，直至高度达到挡土墙总高度的1/2～2/3处才开始比较迅速地增加，至顶部达到最大值，为底部的1.2～2.0倍。图7-1a）显示了6个挡土墙加速度反应峰值沿墙高分布系数曲线的平均值（虚线）和最大值。在详细分析挡土墙水平地震作用沿墙高分布系数曲线的两个关键特征，迅速放大开始的相对高度和墙顶的放大系数（放大系数的最大值）的数值范围、平均值和最大值的基础上，根据计算得到的108条沿墙高分布曲线，进一步从风险统计的角度选定了水平地震作用沿墙高分布系数的方案。从图7-1a）中可以看出，所选定的沿墙高分布系数（三角形符号连成的曲线）刚好在平均值的最大值和最大值的平均值之间。风险分析表明，据此拟定的水平地震作用沿墙高分布系数表达式具有90%不超过的安全保障。

图7-1b）展示了本条规定的水平地震作用沿墙高分布系数（右侧第二条折线）与原规范中分布系数（右侧第一条直线）的比较。从中可以清楚地看出，本次修编使系数的数值有一定程度地减小。

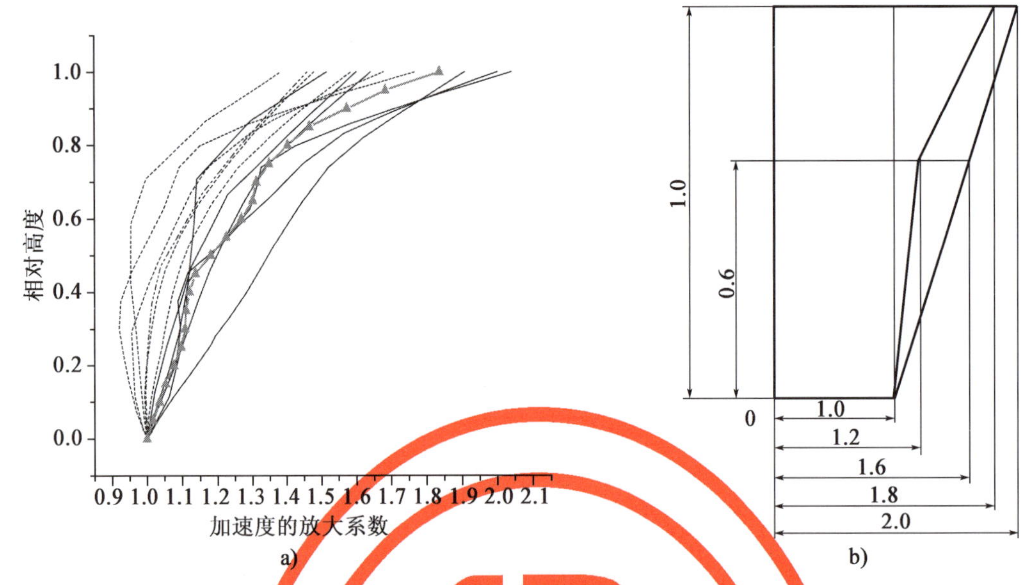

图 7-1　挡土墙加速度反应峰值沿墙高分布系数曲线的平均值（虚线）和最大值

7.2.4　本条主要考虑局部地形条件影响，从国内几次大地震的宏观调查资料来看，岩质地形与非岩质地形不同。在云南通海地震的大量宏观调查中发现，对于岩石地基的高度仅数十米的条状突出的山脊和高耸孤立的山岳，由于鞭鞘效应明显，振动有所加大，烈度有增高趋势。其总的趋势如下：

（1）高突地形距离基准面的高度愈大，高处的反应愈强烈；

（2）离陡坎和边坡顶部边缘的距离愈大，反应相对减弱；

（3）从岩石土质构成方面来看，同样的地形，土质结构的反应比岩质结构大；

（4）高突地形顶面愈开阔，远离边缘中心部位的反应减弱愈明显；

（5）边缘愈陡，其顶部的放大效应愈大。

7.2.5　原规范中，地震土压力的计算是依据 1924 年日本学者物部—冈部的计算式（简称 M-O 公式）简化规定的。M-O 公式是在填土无黏性的假定下推导得出的。工程实践中，挡土墙填土往往会有一定黏聚性。在这个专题研究中，参照经典广义库仑土压力理论的推导，极限平衡中考虑了滑楔体的重力、滑裂面上的黏聚力、墙与土体接触面上的黏着力、滑裂面上的反力和挡土墙的反作用力及滑裂楔体上的均布荷载等，采用与 M-O 公式推导相同的思路将挡土墙和挡土墙背面填土体逆时针旋转（在推导地震被动土压力时顺时针旋转）一个角度（规范中称为地震角）整理、推导了黏性填土地震主动土压力和被动土压力的计算表达式。这两个计算公式统一了砂性土与黏性土地震土压力的计算公式，比 M-O 公式更一般：当 $c = k = 0$ 时，即无黏性填土，蜕变为常用 M-O 公式；若不考虑地震作用，取 $\theta = 0°$，即为著名的库仑土压力公式；取 $\alpha = \beta = \delta = 0°$、$k = 0$时，为朗肯公式。从推导得出的公式可以看出，考虑土的黏性，地震主动土压力比 M-O 公式计算的要小些，地震被动土压力比 M-O 公式计算的要大些。

现在简化后的公式在形式上与现行水运工程抗震设计规范（简称水运规范）采用

的黏性土地震土压力的计算式是一致的。为了论证附录A中规定的简化计算式的可靠性和可行性，结合4个挡土墙的具体例子，分别与现行公路工程抗震设计规范（M-O公式）和水运规范相应土地震土压力计算式的结果进行了对比，见表7-2。

表7-2　地震土压力计算比较结果

实　例	黏性土地震主动土压力			黏性土地震被动土压力		
	M-O公式	水运规范	附录A	M-O公式	水运规范	附录A
1	245.32	151.31	144.63	504.81	664.47	641.53
2	137.27	61.81	61.91	379.97	512.86	507.43
3	364.55	231.97	230.11	2166.08	2664.17	2430.22
4	384.51	230.59	211.31	5499.53	6428.94	6011.29

从表7-2可见，按附录A规定的简化公式计算的挡土墙地震土压力与按水运规范中计算公式的结果接近，且多在其与M-O公式之间。

工程实践中，工况可能复杂多变，应用附录A的计算式，要灵活处理。

（1）地震土压力作用点的位置

当$q=0$时，可取在距墙底$H/3$处；当$q\neq0$时，H要再加上q折算的填土高度。

（2）墙后填土成层的地震土压力计算

墙后填土由多层、水平成层的不同种类的土组成时，第一层土的地震土压力仍可按上述均质土层计算；计算第二层土的地震土压力时，可将第一层的重力作为超载作用在第二层的顶面，并按第二层的指标参数计算地震土压力，但仅用于第二层土的范围内。依此类推，即可求出多层填土的土压力。

①地震主动土压力［图7-2a)］

a. 作用在挡土墙墙背第n层土的总主动土压力标准值

$$E_{\mathrm{aspn}}=\frac{1}{2}(e_{\mathrm{aspn1}}+e_{\mathrm{aspn2}})\frac{h_n}{\cos\alpha}$$

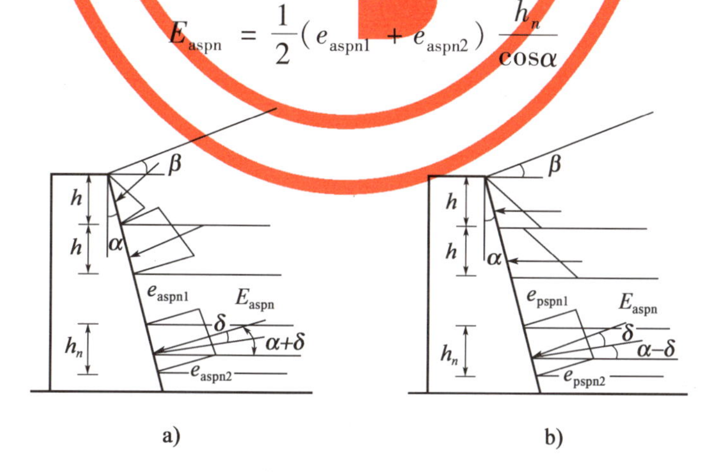

图7-2　土压力分布图

a）主动土压力分布图；b）被动土压力分布图

b. 作用在挡土墙墙背第n层土顶面处的单位面积上的主动土压力标准值

$$e_{\mathrm{aspn1}}=K_{\mathrm{aspn}}\sum_{i=0}^{n-1}\gamma_i h_i\cos\alpha-2c_n K_{\mathrm{acn}}\cos\alpha$$

c. 作用在挡土墙墙背第 n 层土底面处的单位面积上的主动土压力标准值

$$e_{aspn2} = K_{aspn}\sum_{i=0}^{n}\gamma_i h_i \cos\alpha - 2c_n K_{acn}\cos\alpha$$

上述两式中的系数 K_{aspn} 按下式计算：

$$K_{aspn} = \frac{\cos^2(\varphi_n - \alpha - \theta)}{\cos\theta\cos^2\alpha\cos(\delta_n + \theta + \alpha)\left[1 + \sqrt{\frac{\sin(\varphi_n + \delta_n)\sin(\varphi_n - \beta - \theta)}{\cos(\delta_n + \theta + \alpha)\cos(\alpha - \beta)}}\right]^2}$$

$$K_{acn} = \frac{1 - \sin\varphi_n}{\cos\varphi_n}$$

式中：E_{aspn}——作用在墙背上第 n 层土的总主动土压力标准值（kN/m）；

e_{aspn1}——作用在墙背上第 n 层土顶面处的单位面积上的主动土压力标准值（kPa）；

e_{aspn2}——作用在墙背上第 n 层土底面处的单位面积上的主动土压力标准值（kPa）；

h_n——第 n 层土的厚度（m）；

α——墙背与铅垂线的夹角（°），仰斜为正，俯斜为负；

γ_i——第 i 层土的重度（kN/m³）；

h_i——第 i 层土的厚度（m）；

K_{aspn}——第 n 层土的主动土压力系数；

c_n——第 n 层填土的黏聚力标准值（kPa）；

K_{acn}——地震主动土压力作用在第 n 层土的系数；

β——地面与水平面的夹角（°）；

φ_n——第 n 层土的内摩擦角（°）；

δ_n——第 n 层土与墙背间的摩擦角（°）；

θ——地震角（°）。

d. 挡土墙所受总的地震主动土压力及其作用点

挡土墙所受总的地震主动土压力为各层总主动土压力之矢量和，各层总主动土压力作用点可近似地认为在相应层土压力分布图的形心处，挡土墙所受总的地震主动土压力作用点可根据各土压力加权平均来确定。

②地震被动土压力［图 7-2b)］

a. 作用在挡土墙墙背第 n 层土的总被动土压力标准值

$$E_{pspn} = \frac{1}{2}(e_{pspn1} + e_{pspn2})\frac{h_n}{\cos\alpha}$$

b. 作用在墙背第 n 层土顶面处的单位面积上的被动土压力标准值

$$e_{pspn1} = K_{pspn}\sum_{i=0}^{n-1}\gamma_i h_i \cos\alpha + 2c_n K_{pcn}\cos\alpha$$

c. 作用在墙背第 n 层土底面处的单位面积上的被动土压力标准值

$$e_{\mathrm{pspn2}} = K_{\mathrm{pspn}}\sum_{i=0}^{n}\gamma_i h_i\cos\alpha + 2c_n K_{\mathrm{pcn}}\cos\alpha$$

d. 计算系数

$$K_{\mathrm{pspn}} = \frac{\cos^2(\varphi_n + \alpha - \theta)}{\cos\theta\cos^2\alpha\cos(\delta_n + \theta - \alpha)\left[1 - \sqrt{\dfrac{\sin(\varphi_n + \delta_n)\sin(\varphi_n + \beta - \theta)}{\cos(\delta_n + \theta - \alpha)\cos(\alpha - \beta)}}\right]^2}$$

$$K_{\mathrm{pcn}} = \frac{\sin(\varphi_n - \theta) + \cos\theta}{\cos\theta\cos\varphi_n}$$

式中：E_{pspn}——作用在墙背上第 n 层土的总被动土压力标准值（kN/m）；

e_{pspn1}——作用在墙背上第 n 层土顶面处的单位面积上的被动土压力标准值（kPa）；

e_{pspn2}——作用在墙背上第 n 层土底面处的单位面积上的被动土压力标准值（kPa）；

K_{pspn}——第 n 层土的被动土压力系数；

K_{pcn}——地震被动土压力作用在第 n 层土的系数。

e. 挡土墙所受总地震被动土压力及其作用点

挡土墙所受总的地震被动土压力为各层总被动土压力之矢量和，各层总被动土压力作用点可近似地认为在相应层土压力分布图的形心处，挡土墙所受总的地震被动土压力作用点可根据各土压力加权平均来确定。

（3）异形挡土墙的地震土压力计算

为了适应地形和工程需要，减少主动土压力的影响，或提高挡土墙的稳定性，常采用凸形墙背的挡土墙或衡重式挡土墙。这些挡土墙的墙背不是一个平面，设计成折面。对于这类折线形墙背，可以以墙背转折点或衡重台为界，将其分成上墙与下墙，如图7-3 所示。

显然，建议公式是基于直线墙背导出的。当墙背为折线时，不能直接用该公式求算全墙的土压力，可将上墙与下墙分别作为独立的挡墙，分别计算主动土压力，然后取两者的矢量和作为全墙的土压力。

计算上墙土压力时，可不考虑下墙的影响。下墙土压力计算较为复杂，目前普遍采用简化的计算方法，常用的有延长墙背法和力多边形法两种。

①折线形墙背挡土墙地震土压力计算

如图 7-3 所示，采用延长墙背法计算地震土压力。AB 为上墙墙背，BC 为下墙墙背。先考虑上墙的墙背，用一般的方法求出主动土压力 E_1，土压应力分布图形为 bgc。计算下墙墙背的土压力时，首先延长下墙墙背 CB，交填土表面于 D 点，以 DC 为假想墙背，用上述公式求算假想墙背的土压力，其合力即为下墙主动土压力 E_2，土压压力分布图形为 aed。最后取土压力图 $ahgfedc$ 来表

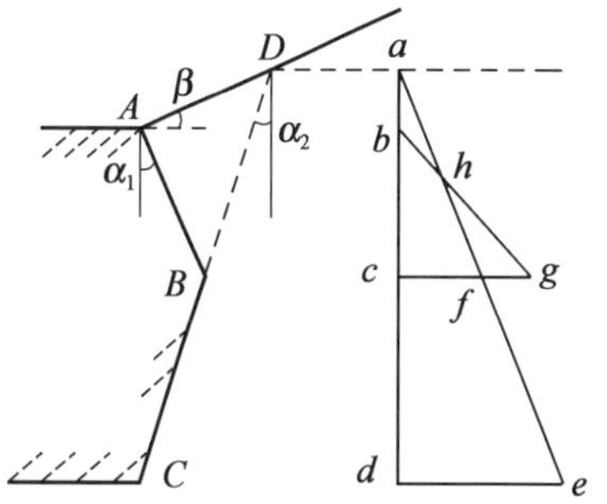

图 7-3　折线形墙背的地震土压力计算

示沿整个折线墙高的土压力分布。

延长墙背法是一种简化的近似方法，计算简便，但是忽略了延长墙背与实际墙背之间的土体重力及作用其上的荷载，多考虑了自由延长墙背与实际墙背上土压力作用方向的不同而引起的竖向分量差，虽然两者在一定程度上能相互补偿，但未必能抵消。经验说明，当上下部分墙背的倾斜角 α_1、α_2 超过10°时，有必要进行修正。

②设置减压平台的挡土墙

如图7-4所示，平台以上墙背所受的主动土压力仍按上述公式计算，平台以下墙背所受的主动土压力只与平台以下填土重量有关。平台向后延伸越长，这种减压作用越大。

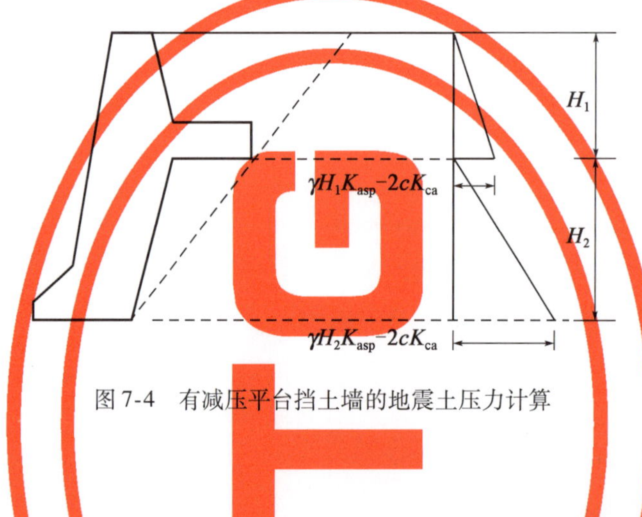

图7-4　有减压平台挡土墙的地震土压力计算

7.3　抗震措施

7.3.1～7.3.2　对通海、炉霍等地震区干砌挡土墙震害实例的统计分析表明，当高度不超过5m时，地震动峰值加速度为0.20g以下地区的震害几率为零；当高度超过3m时，震害主要发生地震动峰值加速度为0.40g及以上的地区，并且均为干砌卵石挡土墙。这说明如果保证施工质量，并给予适当的高度限制，在地震区仍然可以采用干砌挡土墙。本条据此对干砌片（块）石挡土墙的高度作了相应的规定。

根据对通海等地震区的不完全统计，在浆砌挡土墙的震害实例中，沿砌缝发生开裂的占79%。这说明砌缝是浆砌挡土墙的一个抗震薄弱环节，因此规定浆砌片（块）石挡土墙的最低砂浆强度等级应按现行有关规范的要求提高一级采用，以提高砌缝的结合强度和挡土墙的整体性。

地震区不宜修筑高的浆砌片石挡土墙。本规范对浆砌片石挡土墙的高度作了限制，当超过限制高度时，要采用片石混凝土或混凝土整体浇筑，以提高抗震强度和稳定性。

7.3.3　从挡土墙震害资料分析，混凝土挡土墙的施工缝和衡重式挡土墙的截面处，要求设置一定数量的榫头或短钢筋，以加强挡土墙的整体性，提高抗震性能。

7.3.4　震害实例表明，在地基土变化处或墙身截面处，挡土墙容易遭受震害，因此，地震区挡土墙的砌筑分段处、地基土及墙高变化处，要设置沉降缝。

7.3.5 国内外多次地震震害经验证明，位于液化土或软土地基上的建筑物，一般震害较重。1976年唐山地震区，南堡专用线（铁路）谢家坟车站站台墙，地基土为淤泥质砂黏土夹粉细砂，地基砂土发生液化，喷水冒沙严重，使地基沉陷变形，导致挡土墙开裂、部分墙体倒塌。因此，挡土墙的基础不应直接设在液化土或软土地基上。当不可避免时，应加强地基处理。必要时，可采用桩基础，但桩尖应伸入稳定土层内。

8 路基

8.2 抗震稳定性验算

8.2.1 验算路基抗震稳定性的范围和要求沿用原规范的规定。为了分析近年来经常出现的20m以上高路堤的抗震稳定性，填土参数选用原规范给出的具有代表性的4组物理力学试验数据，路堤高度选用18、30、40、50m四种，分台高度选用8、10、12m三种，边坡坡度选用1∶1.5、1∶1.75、1∶2三种，路基宽度选用14、26m两种，地震烈度考虑7、8、9度的作用，按简化毕肖普法和动力有限元法对路堤的抗震稳定性进行分析。验算结果的统计分析表明：

（1）稳定系数降低值（%），7度地震约为5.6，8度地震约为10，9度地震约为19。

（2）不同土体参数对考虑地震时稳定系数降低程度的影响不大。

（3）不同的路基宽度对稳定系数的影响不大。

（4）按现有工程习惯的分台和坡度设置，对于40m以上的路堤，稳定系数偏低。

（5）动力有限元法计算得到的稳定系数降低值更高。

8.2.6 为考虑高填方路堤在地震作用下的动力放大效应，采用与上述计算相同的路堤高度、分台高度、边坡坡度、路基宽度，对地基采用线弹性模型，对路堤采用等效线性化模型，考虑不同的回弹模量，分别输入7、8、9度的EL Centro地震波，按原规范反应谱拟合的Ⅰ、Ⅱ类场地土和Ⅲ、Ⅳ类场地土人工波（峰值加速度分别为0.10、0.20、0.40g）进行动力有限元分析。计算得到的地震加速度放大系数的统计结果为：最大值平均为1.382，标准差0.175；当水平地震作用沿高度分布系数ψ_i的最大值取1.6时，保证率可达90%。

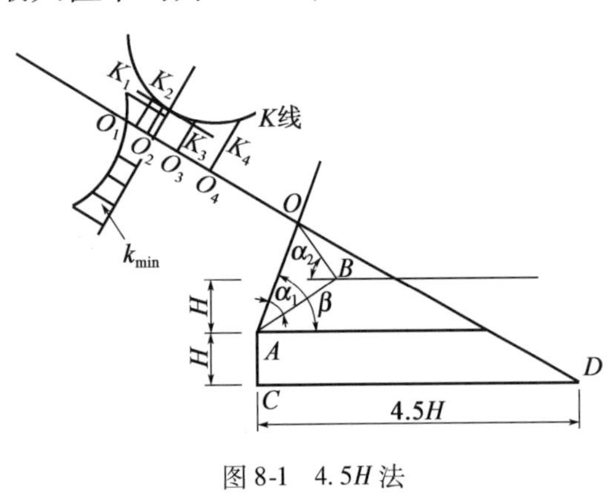

图8-1　4.5H法

路基抗震稳定计算时，为确定最不利滑动面，可假定若干个滑动圆心，对相应圆弧滑动面逐一进行计算，从而求出相应的K_c并进行比较，找到最小的稳定系数。下面是一些常用的简便方法：

（1）4.5H法（图8-1）

最危险滑动圆弧面的圆心是在一条辅助线上，该辅助线的位置可按下列方法确定：由坡

脚 A 点向下作垂线，量取路堤高度 H 得 C 点；由 C 点引水平线，量取 $4.5H$ 得 D 点；在 A 点作一与边坡夹角为 α_1 的直线 AO，在堤顶 B 点作与堤顶水平线成夹角 α_2 的直线 BO，并与 AO 直线交于 O 点（α_1 及 α_2 角的数值，见表 8-1）；连接 D、O 点并向外延伸。

表 8-1　α_1、α_2 取值表

边坡坡度	1:0.75	1:1.0	1:1.25	1:1.5	1:1.75	1:2.0	1:2.25	1:2.5	1:3.0	1:4.0
边坡倾角 β	53°08′	45°	38°40′	33°41′	29°45′	26°34′	23°58′	21°48′	18°26′	14°03′
α_1	29°	28°	27°	26°	26°	25°	25°	25°	25°	25°
α_2	39°	37°	35°30′	35°	35°	35°	35°	35°	35°	36°

当 $\varphi > 0°$ 时，最危险滑动面的圆心位置在 DO 的延长线上，可在延长线上定 3 ~ 5 个圆心的位置，计算相应的稳定系数，由此求得最小值。有时为可靠起见，在此最小值附近，沿 DO 延长线垂线的方向，再设几个圆心，确定有无更小的稳定系数。

（2）潘家铮法（图 8-2）

过边坡中点，分别以 $L/2$ 和 $3L/4$ 为半径作圆弧，分别与边坡中法线和中垂线交于 a、a'、b、b'，则最危险滑动面的圆心在 aa'、bb' 的范围内。

（3）36°法（图 8-3）

在堤顶 B 处作与堤顶水平线成 36°夹角的直线 BE，最危险圆弧的圆心位置，可在此直线上寻找。在找到最危险圆心位置后，还需沿垂直此直线方向，再补找几个圆心位置，验算有无更小的稳定系数值。36°法较简便，但精度不如 $4.5H$ 法。对于重要的边坡，适合采用 $4.5H$ 法。这两种方法均较适用于边坡坡顶水平、滑动圆弧通过边坡坡脚的情况。

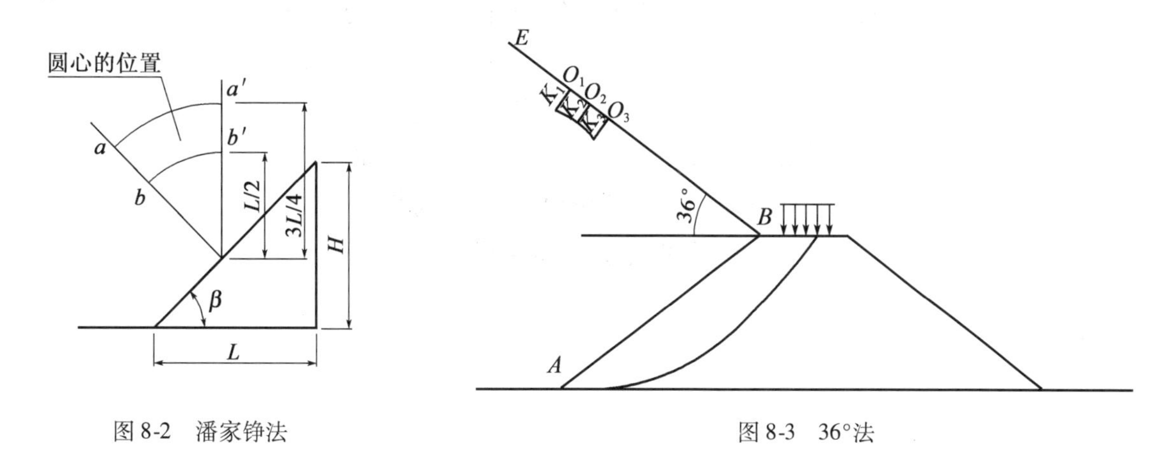

图 8-2　潘家铮法　　　　图 8-3　36°法

8.3　抗震措施

8.3.1 ~ 8.3.2　路基填方的震害原因，在一般地段主要是地震所造成的填土力学强度的降低。而地震对填土力学强度的影响程度，又与填料的性质和填土的密实度有很大关系。因此，对填料进行适当的选择并保证其一定的密实度，是提高路基稳定性的一项基本措施。

根据对河源、邢台、渤海、阳江、通海、炉霍等六个地震区的不完全统计，碎石土、亚黏土等具有一定黏结力的材料填筑的路基，其抗震性能要比采用砂类土填筑的好得多。

路基填方的抗震性能不仅与填料性质有关，还与填土的密实度有关。密实度低的填土，由于初始力学强度低和空隙率大，在地震时土粒容易发生位移，从而使路基遭到不同程度的破坏。提高填土的密实度，可以增加土粒间的黏结力和摩擦力，从而提高路基的抗震稳定性。因此，地震区的路基填方宜采用碎石土、一般黏性土、卵石土和不易风化的石块等材料填筑。对于压实度的抗震要求，由于缺乏定量资料暂不另作规定，仍按现行有关规范执行。

采用砂类土填筑的路基，由于填土缺乏一定的黏结力，在地震时土料非常容易发生侧向位移。当位移较大时，还将加剧振动时土粒间压应力的瞬间降低，从而进一步降低其抗剪强度。土粒的侧向位移及其引起的抗剪强度进一步降低，将会造成路基沉陷和边坡坍塌等震害。因此虽然砂类土的压实比较困难，也要尽量采用振动机械和夯击机械将其压实，并对边坡面采取适当的加固措施，以减少和限制土粒的侧向位移。

无论从理论分析还是从震害经验来看，地震区路基宜选用抗震稳定性较好的土填筑。

8.3.3 一般黏性土和碎石具有良好的抗震稳定性能，而黏结力差的填料抗震性能较差。铁道部门抗震规范编写组曾根据震害调查和路堤稳定性验算，提出放缓边坡的路堤抗震措施。考虑到高速公路和一级公路的交通量大和交通畅通的重要性，参照铁道部门的经验，规定了高速公路、一级公路在和地震动峰值加速度为0.20g地震区的二级公路在进行路堤抗震稳定性验算前，就采取放缓路堤边坡坡度的措施。

8.3.4 填筑于地面横坡较陡的稳定斜坡上的路基，在地震时容易发生沿基底面的坍塌。为了加强地基的稳定性，当地面横坡陡于1:3时，除按规范的要求处理基底外，还应验算路基整体沿基底下软弱层滑动稳定性，抗滑稳定性系数暂定为1.1。除此之外，必要时根据具体情况加强上侧山坡的排水处理和坡脚采取支挡措施。

8.3.5 目前对液化土地基上路堤稳定性检算尚缺乏经验，根据宏观震害情况及公路等级和修复难易程度提出抗震设计界线。

（1）高速和一级公路路堤高度 H 小于3m，二、三、四级公路路堤高度 H 小于4m，产生震害后修复较容易，可不考虑地震影响。

（2）液化土地区路堤震害与地面覆盖土层厚度、地下水位的关系。

路堤下沉包括堤身和地基两部分下沉的总和。宏观震害表明，砂土液化地基失效是路堤破坏的主要原因。地表覆盖非液化土层对砂土液化能起到抑制作用，这种抑制能力与覆盖土层类别和厚度、地下水位深度以及地震烈度等有关。在一定的覆盖压力下，液化砂土的喷冒现象可以减轻或停止，因此，地震覆盖土层越厚，地基下沉越不明显，路堤震害则越轻微。当地表覆盖非液化土层较薄时，地基中液化砂土容易产生喷冒现象。一般在路堤取土坑或排水沟的底部，由于取土减薄了覆盖土层的厚度，给液化砂土的溢出创造了有利的条件。由于喷冒作用，使地基中的水和砂大量的散失，砂层局部被淘空引起地基沉陷，导致路堤破坏。但地基中液化砂层较薄或者夹有田间厚的黏性土层时，则很少有喷冒现象。日本新潟地震时，饱和砂层的厚度小于2m者，一般不产生震害。

以上震害表明，地表覆盖土层对砂土液化能起到抑制作用。这是因液化砂土具有一定的初始密度，当埋置深度大或上覆压力（超载）增加时，砂土液化所需要的循环应力和历时都相应增加，使液化的可能性减小。因此，增加地表覆盖土层的厚度，是防止地基液化的有效措施之一。

8.3.6 路堤相对于结构如挡土墙、桥梁等便于修复，依据本规范总的设防目标，位于抗震不利地段的高速公路和一、二级公路，经短期抢修即可恢复使用。在此基础上本规范给出了原则性意见，设计者可依据不同情况和不同要求采取抗液化措施。例如对于河滩地段，为了桥梁桥台的安全性，局部地段抗液化措施可相应提高，无论液化等级为轻微、中等、严重，均可处理到液化临界值以下，而对大面积地区（属于区域性的），为节约投资，对于轻微液化地段，也可不采取措施，对于中等和严重液化地段，抗液化措施可达到液化指数小于5的程度。

8.3.7 软土地区，地表受蒸发作用往往覆盖一层“硬壳”，这层硬壳对传递上部结构荷载起应力扩散作用，对地震荷载能抑制软土产生流变。地面硬壳愈厚，软土承受覆压力愈高。硬壳能够增加软土地基的稳定性，减少地基的沉降变形。从宏观而言，上述观点是正确的。

对于泥沼地基上路堤的震害情况还缺少实践经验，地震区若遇有泥沼地基时，可比照软土地基的抗震措施进行设计。

填筑于软弱黏性土层和液化土层上的路基，在地震时将会随着地基的变形和失效而发生沉陷和坍塌。1975年海城地震时，就由于地基液化引起路基沉陷、塌陷和滑塌，造成了严重的破坏。换土、反压护道 、降低填土高度、降低地下水位等都是在软土地基上填筑路基的一般措施。

对于可液化土层，除采取上述措施外，根据1975年海城地震的经验，还可以采取土坑和边沟浅挖并远离路基和保护路基与取土坑之间的地表植被等措施。1975年海城地震时，浅层的液化砂土从地表覆盖层相对薄弱的地方大量喷出地表，从而在地下浅层形成空穴，造成了地面和路基的沉陷和塌陷。从地表宏观现象来看，路基的沉陷和塌陷与两侧取土坑的喷水冒砂之间也有着明显的对应关系。因此，取土坑边沟浅挖可以减少对地表覆盖层的人为削弱，取土坑远离路基和保护路基与取土坑之间的地表植被可以防止在路基附近喷水冒砂。而这些措施的根本目的都是为了避免在路基及其附近的地下形成空穴，从而减轻地基液化对路基的影响。

软土地基上的路堤，高度一般控制在6m以下。当高度超过6m时，技术经济性将不尽合理。当软土地基采用砂井、碎石桩、石灰桩等加固措施时，由于排水固结或挤密作用，软土地基强度明显增大，提高了抗震效果。例如塘沽地区一段长120m的软土地基路堤，分别采用长砂井、短密砂井、石灰桩、换填等处理措施。

实践证明，采用反压护道加固软土地基，对抗震有一定的效果。所以有些国家的抗震设计规范（如日本），规定以护道作为地震区软土地基路堤（包括土坝）的加固措施之一。因此，没有反压护道的软土地基路堤，将堤身及护道边坡放缓，也可满足抗震稳定性。

8.3.8 软土地区地下水位接近地表，甚至地表有积水现象，路堤基底采用砂石垫层时，垫层大部分处于饱和状态。现场调查和室内试验都证明，处于饱和状态的粉、细砂普遍存在液化问题，因此，路堤基底宜采用碎（卵）石或粗砂夹碎石作垫层。

8.3.9 控制路堑边坡稳定的因素很多，应根据工程地质及水文地质条件和土力学性质及地震烈度等情况综合确定。

（1）土质路堑

根据宏观震害经验，在地震动峰值加速度大于或等于0.20g的地区，当边坡高度小于10m时，非地震区路堑边坡一般能满足抗震稳定性要求，可不作抗震设计；当路堑边坡高度大于或等于10m时，需要采取放缓边坡或加固措施。当地震动峰值加速度大于或等于0.20g时，边坡高度大于20m和15m时考虑到震后修复困难，而且土质情况复杂，除需按现行《公路路基设计规范》（JTG D30）规定放缓边坡或采取抗震措施外，尚需进行抗震稳定验算。

（2）碎石类土路堑

碎石类土路堑边坡抗震稳定程度与土质结构的密实度、含水率和土层成因以及下卧基岩面的倾斜方向等条件有关。尤其是下部为基岩，上部为碎石类土，由两种或两种以上不同土质组成的路堑边坡，对抗震不利，在边坡土层变化的接触面上地震反应较大，容易产震害。要结合边坡高度，确定边坡形状和坡值或采取加固措施。

8.3.10 本条规定的目的主要是为了便于震后修复。